Collection folio junior

dirigée par
Jean-Olivier Héron
et Pierre Marchand

Né à Joigny, dans l'Yonne, en 1902, **Marcel Aymé** a passé sa jeunesse à Villers-Robert, région de forêts, d'étangs et de prés. En 1925, il vient à Paris, où il exerce divers métiers : journaliste, manœuvre, camelot, figurant de cinéma — avant de publier un premier roman : *Brûlebois*.

Après le succès de *La Jument verte* (1933), il peut se consacrer entièrement à la littérature : son œuvre, qui comprend plus de trente romans, des pièces de théâtre et de nombreux contes et nouvelles, est un regard sur le monde. Regard savoureux dans lequel le merveilleux se mêle au quotidien. Son art du récit, son sens parodique, en font un des écrivains les plus originaux de son époque.

Marcel Aymé est mort en 1967.

Philippe Dumas est né à Cannes en 1940.

Il fait ses études à Paris, mais sans grand succès. Et son aptitude à se tenir « dans les nuages » le dirige fatalement vers une profession artistique : il entre à l'école des métiers d'art, puis à celle des Beaux-Arts. Il devient peintre.

Parallèlement, il continue à faire ce qui l'a toujours amusé depuis que sa main a su tenir un crayon : de petits livres qu'il écrit et illustre, et qu'il fabrique et coud lui-même, et parfois imprime. Il y est question de ses aventures de jeune homme, traitées dans ce qu'elles peuvent avoir d'amusant.

Aujourd'hui, Philippe Dumas a publié de nombreux ouvrages : *Robidu*, *La Petite Géante*, etc., dont le succès a largement dépassé nos frontières.

Il vit en Normandie, non loin de la mer, avec femme, enfants, chien, chats et poules. Il a perdu ses cheveux, mais gardé beaucoup de ses illusions, et même la plupart de ses amis malgré la réussite.

ISBN 2-07-033433-3
© Éditions Gallimard, 1963, pour le texte
© Éditions Gallimard, 1979, pour les illustrations
© Éditions Gallimard, 1987, pour la présente édition
Dépôt légal : novembre 1988
1er dépôt légal dans la même collection : septembre 1987
N° d'éditeur : 44873 — N° d'imprimeur : 46599
Imprimé en France sur les presses de l'imprimerie Hérissey

Marcel Aymé

Les contes bleus du chat perché

Illustrations de Philippe Dumas

Gallimard

Le Loup

Caché derrière la haie, le loup surveillait patiemment les abords de la maison. Il eut la satisfaction de voir les parents sortir de la cuisine. Comme ils étaient sur le seuil de la porte, ils firent une dernière recommandation.

— Souvenez-vous, disaient-ils, de n'ouvrir la porte à personne, qu'on vous prie ou qu'on vous menace. Nous serons rentrés à la nuit.

Lorsqu'il vit les parents bien loin au dernier tournant du sentier, le loup fit le tour de la maison en boitant d'une patte, mais les portes étaient bien fermées. Du côté des cochons et des vaches, il n'avait rien à espérer. Ces espèces n'ont pas assez d'esprit pour qu'on puisse les persuader de se laisser manger. Alors, le loup s'arrêta devant la cuisine, posa ses pattes sur le rebord de la fenêtre et regarda l'intérieur du logis.

Delphine et Marinette jouaient aux osselets devant le fourneau. Marinette, la plus petite, qui était aussi la plus blonde, disant à sa sœur Delphine :

— Quand on n'est rien que deux, on ne s'amuse pas bien. On ne peut pas jouer à la ronde.

9

— C'est vrai, on ne peut jouer ni à la ronde, ni à la paume placée.

— Ni au furet, ni à la courotte malade.

— Ni à la mariée, ni à la balle fondue.

— Et pourtant, qu'est-ce qu'il y a de plus amusant que de jouer à la ronde ou à la paume placée ?

— Ah ! si on était trois...

Comme les petites lui tournaient le dos, le loup donna un coup de nez sur le carreau pour faire entendre qu'il était là. Laissant leurs jeux, elles vinrent à la fenêtre en se tenant par la main.

— Bonjour, dit le loup. Il ne fait pas chaud dehors. Ça pince, vous savez.

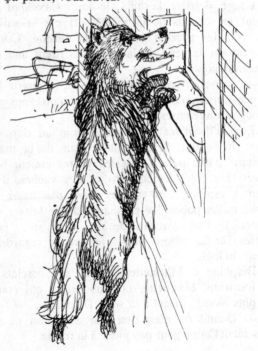

La plus blonde se mit à rire, parce qu'elle le trouvait drôle avec ses oreilles pointues et ce pinceau de poils hérissés sur le haut de la tête. Mais Delphine ne s'y trompa point. Elle murmura en serrant la main de la plus petite :

— C'est le loup.

— Le loup ? dit Marinette, alors on a peur ?

— Bien sûr, on a peur.

Tremblantes, les petites se prirent par le cou, mêlant leurs cheveux blonds et leurs chuchotements.

Le loup dut convenir qu'il n'avait rien vu d'aussi joli depuis le temps qu'il courait par bois et par plaines. Il en fut tout attendri.

— Mais qu'est-ce que j'ai ? pensait-il, voilà que je flageole sur mes pattes.

A force d'y réfléchir, il comprit qu'il était devenu bon, tout à coup. Si bon et si doux qu'il ne pourrait plus jamais manger d'enfants.

Le loup pencha la tête du côté gauche, comme on fait quand on est bon, et prit sa voix la plus tendre :

— J'ai froid, dit-il, et j'ai une patte qui me fait bien mal. Mais ce qu'il y a, surtout, c'est que je suis bon. Si vous vouliez m'ouvrir la porte, j'entrerais me chauffer à côté du fourneau et on passerait l'après-midi ensemble.

Les petites se regardaient avec un peu de surprise. Elles n'auraient jamais soupçonné que le loup pût avoir une voix aussi douce. Déjà rassurée, la plus blonde fit un signe d'amitié, mais Delphine, qui ne perdait pas si facilement la tête, eut tôt fait de se ressaisir.

— Allez-vous-en, dit-elle, vous êtes le loup.

— Vous comprenez, ajouta Marinette avec un sourire, ce n'est pas pour vous renvoyer, mais nos parents nous ont défendu d'ouvrir la porte, qu'on nous prie ou qu'on nous menace.

Alors le loup poussa un grand soupir, ses oreilles pointues se couchèrent de chaque côté de sa tête. On voyait qu'il était triste.

— Vous savez, dit-il, on raconte beaucoup d'histoires sur le loup, il ne faut pas croire tout ce qu'on dit. La vérité, c'est que je ne suis pas méchant du tout.

Il poussa encore un grand soupir qui fit venir les larmes dans les yeux de Marinette.

Les petites étaient ennuyées de savoir que le loup avait froid et qu'il avait mal à une patte. La plus blonde murmura quelque chose à l'oreille de sa sœur, en clignant de l'œil côté du loup, pour lui faire entendre qu'elle était de son côté, avec lui. Delphine demeura pensive, car elle ne décidait rien à la légère.

— Il a l'air doux comme ça, dit-elle, mais je ne m'y fie pas. Rappelle-toi « le loup et l'agneau »... L'agneau ne lui avait pourtant rien fait.

Et comme le loup protestait de ses bonnes intentions, elle lui jeta par le nez :

— Et l'agneau, alors ?... Oui, l'agneau que vous avez mangé ?

Le loup n'en fut pas démonté.

— L'agneau que j'ai mangé, dit-il. Lequel ?

Il disait ça tout tranquillement, comme une chose toute simple et qui va de soi, avec un air et un accent d'innocence qui faisaient froid dans le dos.

— Comment ? vous en avez donc mangé plusieurs ! s'écria Delphine. Eh bien ! c'est du joli !

— Mais naturellement que j'en ai mangé plusieurs. Je ne vois pas où est le mal... Vous en mangez bien, vous !

Il n'y avait pas moyen de dire le contraire. On venait justement de manger du gigot au déjeuner de midi.

— Allons, reprit le loup, vous voyez bien que je ne suis pas méchant. Ouvrez-moi la porte, on s'assiéra en rond autour du fourneau, et je vous raconterai des histoires. Depuis le temps que je rôde au travers des bois et que je cours sur les plaines, vous pensez si j'en connais... Rien qu'en vous racontant ce qui est arrivé l'autre jour aux trois lapins de la lisière, je vous ferais bien rire.

Les petites se disputaient à voix basse. La plus blonde était d'avis qu'on ouvrît la porte au loup, et tout de suite. On ne pouvait pas le laisser grelotter sous la bise avec une patte malade. Mais Delphine restait méfiante.

— Enfin, disait Marinette, tu ne vas pas lui reprocher encore les agneaux qu'il a mangés. Il ne peut pourtant pas se laisser mourir de faim !

— Il n'a qu'à manger des pommes de terre, répliquait Delphine.

Marinette se fit si pressante, elle plaida la cause du loup avec tant d'émotion dans la voix et tant de larmes dans les yeux, que sa sœur aînée finit par se laisser toucher. Déjà Delphine se dirigeait vers la porte. Elle se ravisa dans un éclat de rire et, haussant les épaules, dit à Marinette consternée :

— Non, tout de même, ce serait trop bête !

Delphine regarda le loup bien en face.

— Dites donc, Loup, j'avais oublié le petit Chaperon Rouge. Parlons-en un peu du petit Chaperon Rouge, voulez-vous ?

Le loup baissa la tête avec humilité. Il ne s'attendait pas à celle-là. On l'entendit renifler derrière la vitre.

— C'est vrai, avoua-t-il, je l'ai mangé, le petit Chaperon Rouge. Mais je vous assure que j'en ai déjà eu bien du remords. Si c'était à refaire...

— Oui, oui, on dit toujours ça.

Le loup se frappa la poitrine à l'endroit du cœur. Il avait une belle voix grave.

— Ma parole, si c'était à refaire, j'aimerais mieux mourir de faim.

— Tout de même, soupira la plus blonde, vous avez mangé le petit Chaperon Rouge.

— Je ne vous dis pas, consentit le loup. Je l'ai mangé, c'est entendu. Mais c'est un péché de jeunesse. Il y a si longtemps, n'est-ce pas ? A tout péché miséricorde... Et puis, si vous saviez les tracas que j'ai eus à cause de cette petite ! Tenez, on est allé jusqu'à dire que j'avais commencé par manger la grand-mère, eh bien ! ce n'est pas vrai du tout...

Ici, le loup se mit à ricaner, malgré lui, et probablement sans bien se rendre compte qu'il ricanait.

— Je vous demande un peu ! manger de la grand-mère, alors que j'avais une petite fille bien fraîche qui m'attendait pour mon déjeuner ! Je ne suis pas si bête...

Au souvenir de ce repas de chair fraîche, le loup ne sut se tenir de passer plusieurs fois sa grande langue sur ses babines, découvrant de longues dents pointues qui n'étaient pas pour rassurer les deux petites.

— Loup, s'écria Delphine, vous êtes un menteur ! Si vous aviez tous les remords que vous dites, vous ne vous lécheriez pas ainsi les babines !

Le loup était bien penaud de s'être pourléché au souvenir d'une gamine potelée et fondant sous la dent. Mais il se sentait si bon, si loyal, qu'il ne voulut pas douter de lui-même.

— Pardonnez-moi, dit-il, c'est une mauvaise habitude que je tiens de famille, mais ça ne veut rien dire...

— Tant pis pour vous si vous êtes mal élevé, déclara Delphine.

— Ne dites pas ça, soupira le loup, j'ai tant de regrets.

— C'est aussi une habitude de famille de manger les petites filles ? Vous comprenez, quand vous promettez de ne plus jamais manger d'enfants, c'est à peu près comme si Marinette promettait de ne plus jamais manger de dessert.

Marinette rougit, et le loup essaya de protester :

— Mais puisque je vous jure...

15

— N'en parlons plus et passez votre chemin. Vous vous réchaufferez en courant.

Alors le loup se mit en colère parce qu'on ne voulait pas croire qu'il était bon.

— C'est quand même un peu fort, criait-il, on ne veut jamais entendre la voix de la vérité ! C'est à vous dégoûter d'être honnête. Moi je prétends qu'on n'a pas le droit de décourager les bonnes volontés comme vous le faites. Et vous pouvez dire que si jamais je remange de l'enfant, ce sera par votre faute !

En l'écoutant, les petites ne songeaient pas sans beaucoup d'inquiétude au fardeau de leurs responsabilités et aux remords qu'elles se préparaient peut-être. Mais les oreilles du loup dansaient si pointues, ses yeux brillaient d'un éclat si dur, et ses crocs entre les babines retroussées, qu'elles demeuraient immobiles de frayeur.

Le loup comprit qu'il ne gagnerait rien par des paroles d'intimidation. Il demanda pardon de son emportement et essaya de la prière. Pendant qu'il parlait, son regard se voilait de tendresse, ses oreilles se couchaient ; et son nez qu'il appuyait au carreau lui faisait une gueule aplatie, douce comme un mufle de vache.

— Tu vois bien qu'il n'est pas méchant, disait la petite blonde.

— Peut-être, répondait Delphine, peut-être.

Comme la voix du loup devenait suppliante, Marinette n'y tint plus et se dirigea vers la porte. Delphine, effrayée, la retint par une boucle de ses cheveux. Il y eut des gifles données, des gifles rendues. Le loup s'agitait avec désespoir derrière la vitre, disant qu'il aimait mieux s'en aller que d'être le sujet d'une querelle entre les deux plus jolies blondes qu'il eût jamais vues. Et, en effet, il quitta la fenêtre et s'éloigna, secoué par de grands sanglots.

— Quel malheur, songeait-il, moi qui suis si bon, si tendre... elles ne veulent pas de mon amitié. Je serais devenu meilleur encore, je n'aurais même plus mangé d'agneaux.

Cependant, Delphine regardait le loup qui s'en allait clochant sur trois pattes, transi par le froid et par le chagrin. Prise de remords et de pitié, elle cria par la fenêtre :

— Loup ! on n'a plus peur... Venez vite vous chauffer !

Mais la plus blonde avait déjà ouvert la porte et courait à la rencontre du loup.

— Mon Dieu ! soupirait le loup, comme c'est bon d'être assis au coin du feu. Il n'y a vraiment rien de meilleur que la vie en famille. Je l'avais toujours pensé.

Les yeux humides de tendresse, il regardait les petites qui se tenaient timidement à l'écart. Après qu'il eut léché sa patte endolorie, exposé son ventre et son dos à la chaleur du foyer, il commença de raconter des histoires. Les petites s'étaient approchées pour écouter les aventures du renard, de l'écureuil, de la taupe ou des trois lapins de la lisière. Il y en avait de si drôles que le loup dut les redire deux et trois fois.

Marinette avait déjà pris son ami par le cou, s'amusant à tirer ses oreilles pointues, à le caresser à lisse-poil et à rebrousse-poil. Delphine fut un peu longue à se familiariser, et la première fois qu'elle fourra, par manière de jeu, sa petite main dans la gueule du loup, elle ne put se défendre de remarquer :

— Ah ! comme vous avez de grandes dents...

Le loup eut un air si gêné que Marinette lui cacha la tête dans ses bras.

Par délicatesse, le loup ne voulut rien dire de la grande faim qu'il avait au ventre.

— Ce que je peux être bon, songeait-il avec délices, ce n'est pas croyable.

Après qu'il eut raconté beaucoup d'histoires, les petites lui proposèrent de jouer avec elles.

— Jouer ? dit le loup, mais c'est que je ne connais pas de jeux, moi.

En un moment, il eut appris à jouer à la main chaude, à la ronde, à la paume placée et à la courotte malade. Il chantait avec une assez belle voix de basse les couplets de *Compère Guilleri,* ou de *La Tour, prends garde.* Dans la cuisine, c'était un vacarme de bousculades, de cris, de grands rires et de chaises renversées. Il n'y avait plus la moindre gêne entre les trois amis qui se tutoyaient comme s'ils s'étaient toujours connus.

— Loup, c'est toi qui t'y colles !

— Non, c'est toi ! tu as bougé ! elle a bougé...

— Un gage pour le loup !

Le loup n'avait jamais tant ri de sa vie, il riait à s'en décrocher la mâchoire.

— Je n'aurais pas cru que c'était si amusant de jouer, disait-il. Quel dommage qu'on ne puisse pas jouer comme ça tous les jours !

— Mais, Loup, répondaient les petites, tu reviendras. Nos parents s'en vont tous les jeudis après-midi. Tu guetteras leur départ et tu viendras taper au carreau comme tout à l'heure.

Pour finir, on joua au cheval. C'était un beau jeu. Le loup faisait le cheval, la plus blonde était montée à califourchon sur son dos, tandis que Delphine le tenait par la queue et menait l'attelage à fond de train au travers des chaises. La langue pendante, la gueule fendue jusqu'aux oreilles, essoufflé par la course et par le rire qui lui faisait saillir les côtes, le loup demandait parfois la permission de respirer.

— Pouce ! disait-il d'une voix entrecoupée. Laissez-moi rire... je n'en peux plus... Ah ! non, laissez-moi rire !

Alors, Marinette descendait de cheval. Delphine lâchait la queue du loup et, assis par terre, on se laissait aller à rire jusqu'à s'étrangler.

La joie prit fin vers le soir, quand il fallut songer au départ du loup. Les petites avaient envie de pleurer, et la plus blonde suppliait :

— Loup, reste avec nous, on va jouer encore. Nos parents ne diront rien, tu verras...

— Ah non ! disait le loup. Les parents, c'est trop raisonnable. Ils ne comprendraient jamais que le loup ait pu devenir bon. Les parents, je les connais.

— Oui, approuva Delphine, il vaut mieux ne pas t'attarder. J'aurais peur qu'il t'arrive quelque chose.

Les trois amis se donnèrent rendez-vous pour le jeudi suivant. Il y eut encore des promesses et de grandes effusions. Enfin, lorsque la plus blonde lui eut noué un ruban bleu autour du cou, le loup gagna la campagne et s'enfonça dans les bois.

Sa patte endolorie le faisait encore souffrir, mais, songeant au prochain jeudi qui le ramènerait auprès des deux petites, il fredonnait sans souci de l'indignation des corbeaux somnolant sur les plus hautes branches :

Compère Guilleri,
Te laisseras-tu mouri...

En rentrant à la maison, les parents reniflèrent sur le seuil de la cuisine.

— Nous sentons ici comme une odeur de loup, dirent-ils.

Et les petites se crurent obligées de mentir et de prendre un air étonné, ce qui ne manque jamais d'arriver quand on reçoit le loup en cachette de ses parents.

— Comment pouvez-vous sentir une odeur de loup ? protesta Delphine. Si le loup était entré dans la cuisine, nous serions mangées toutes les deux.

— C'est vrai, accorda son père, je n'y avais pas songé. Le loup vous aurait mangées.

Mais la plus blonde, qui ne savait pas dire deux mensonges d'affilée, fut indignée qu'on osât parler du loup avec autant de perfidie.

— Ce n'est pas vrai, dit-elle en tapant du pied, le loup ne mange pas les enfants, et ce n'est pas vrai non plus qu'il soit méchant. La preuve...

Heureusement que Delphine lui donna un coup de pied dans les jambes, sans quoi elle allait tout dire.

Là-dessus, les parents entreprirent tout un long discours où il était surtout question de la voracité du loup. La mère voulut en profiter pour conter une fois de plus l'aventure du petit Chaperon Rouge, mais, aux premiers mots qu'elle dit, Marinette l'arrêta.

— Tu sais, maman, les choses ne se sont pas du tout passées comme tu crois. Le loup n'a jamais mangé la grand-mère. Tu penses bien qu'il n'allait pas se charger l'estomac juste avant de déjeuner d'une petite fille bien fraîche.

— Et puis, ajouta Delphine, on ne peut pas lui en vouloir éternellement, au loup...

— C'est une vieille histoire...

— Un péché de jeunesse...

— Et à tout péché miséricorde.

— Le loup n'est plus ce qu'il était dans le temps.

— On n'a pas le droit de décourager les bonnes volontés.

Les parents n'en croyaient pas leurs oreilles.

Le père coupa court à ce plaidoyer scandaleux en traitant ses filles de têtes en l'air. Puis il s'appliqua à démontrer par des exemples bien choisis que le loup resterait toujours le loup, qu'il n'y avait point de bon sens à espérer de le voir jamais s'améliorer et que, s'il faisait un jour figure d'animal débonnaire, il en serait encore plus dangereux.

Tandis qu'il parlait, les petites songeaient aux belles parties de cheval et de paume placée qu'elles avaient faites en cet après-midi, et à la grande joie du loup qui riait, gueule ouverte, jusqu'à perdre le souffle.

— On voit bien, concluait le père, que vous n'avez jamais eu affaire au loup...

Alors, comme la plus blonde donnait du coude à sa sœur, les petites éclatèrent d'un grand rire, à la barbe de leur père. On les coucha sans souper, pour les punir de cette insolence, mais longtemps après qu'on les eut bordées dans leurs lits, elles riaient encore de la naïveté de leurs parents.

Les jours suivants, pour distraire l'impatience où elles étaient de revoir leur ami, et avec une intention ironique qui n'était pas sans agacer leur mère, les petites imaginèrent de jouer au loup. La plus blonde chantait sur deux notes les paroles consacrées :

« Promenons-nous le long du bois, pendant que le loup y est pas. Loup y es-tu ? m'entends-tu ? quoi fais-tu ? »

Et Delphine, cachée sous la table de la cuisine, répondait : « Je mets ma chemise. » Marinette posait la question autant de fois qu'il était nécessaire au loup pour passer une à une toutes les pièces de son harnachement, depuis les chaussettes jusqu'à son grand sabre. Alors, il se jetait sur elle et la dévorait.

Tout le plaisir du jeu était dans l'imprévu, car le loup n'attendait pas toujours d'être prêt pour sortir du bois. Il lui arrivait aussi bien de sauter sur sa victime alors qu'il était en manches de chemise, ou n'ayant même pour tout vêtement qu'un chapeau sur la tête.

Les parents n'appréciaient pas tout l'agrément du jeu. Excédés d'entendre cette rengaine, ils l'interdirent le troisième jour, donnant pour prétexte qu'elle leur cassait les oreilles. Bien entendu, les petites ne voulurent pas d'autre jeu, et la maison demeura silencieuse jusqu'au jour du rendez-vous.

Le loup avait passé toute la matinée à laver son museau, à lustrer son poil et à faire bouffer la fourrure de son cou. Il était si beau que les habitants du bois passèrent à côté de lui sans le reconnaître d'abord. Lorsqu'il gagna la plaine, deux corneilles qui bayaient au clair de midi, comme elles font presque toutes après déjeuner, lui demandèrent pourquoi il était si beau.

— Je vais voir mes amies, dit le loup avec orgueil. Elles m'ont donné rendez-vous pour le début de l'après-midi.

— Elles doivent être bien belles, que tu aies fait si grande toilette.

— Je crois bien ! Vous n'en trouverez pas, sur toute la plaine, qui soient aussi blondes.

Les corneilles en bayaient maintenant d'admiration, mais une vieille pie jacassière, qui avait écouté la conversation, ne put s'empêcher de ricaner.

— Loup, je ne connais pas tes amies, mais je suis sûre que tu auras su les choisir bien dodues, et bien tendres... ou je me trompe beaucoup.

— Taisez-vous, péronnelle ! s'écria le loup en colère. Voilà pourtant comme on vous bâtit une réputation, sur des commérages de vieille pie. Heureusement, j'ai ma conscience pour moi !

En arrivant à la maison, le loup n'eut pas besoin de cogner au carreau ; les deux petites l'attendaient sur le pas de la porte. On s'embrassa longuement, et plus tendrement encore que la dernière fois, car une semaine d'absence avait rendu l'amitié impatiente.

— Ah ! Loup, disait la plus blonde, la maison était triste, cette semaine. On a parlé de toi tout le temps.

— Et tu sais, Loup, tu avais raison : nos parents ne veulent pas croire que tu puisses être bon.

— Ça ne m'étonne pas. Si je vous disais que tout à l'heure, une vieille pie...

— Et pourtant, Loup, on t'a bien défendu, même que nos parents nous ont envoyées au lit sans souper.

— Et dimanche, on nous a défendu de jouer au loup.

Les trois amis avaient tant à se dire qu'avant de songer aux jeux, ils s'assirent à côté du fourneau. Le loup ne savait plus où donner de la tête. Les petites voulaient savoir tout ce qu'il avait fait dans la semaine, s'il n'avait pas eu froid, si sa patte était bien guérie, s'il avait rencontré le renard, la bécasse, le sanglier.

— Loup, disait Marinette, quand viendra le printemps, tu nous emmèneras dans les bois, loin, là où il y a toutes sortes de bêtes. Avec toi, on n'aura pas peur.

— Au printemps, mes mignonnes, vous n'aurez rien à craindre dans les bois. D'ici là, j'aurai si bien prêché les compagnons de la forêt que les plus hargneux seront devenus doux comme des filles. Tenez, pas plus tard qu'avant-hier, j'ai rencontré le renard qui venait de saigner tout un poulailler. Je lui ai dit que ça ne pouvait plus continuer comme ça, qu'il fallait changer de vie. Ah ! je vous l'ai sermonné d'importance ! Et lui qui fait tant le malin d'habitude, savez-vous ce qu'il m'a répondu ? « Loup, je ne demande qu'à suivre ton exemple. Nous en reparlerons un peu plus tard, et quand j'aurai eu le temps d'apprécier toutes tes bonnes œuvres, je ne tarderai plus à me corriger. » Voilà ce qu'il m'a répondu, tout renard qu'il est.

— Tu es si bon, murmura Delphine.

— Oh ! oui, je suis bon, il n'y a pas à dire le contraire. Et pourtant, voyez ce que c'est, vos parents ne le croiront jamais. Ça fait de la peine, quand on y pense.

Pour dissiper la mélancolie de cette réflexion, Marinette proposa une partie de cheval. Le loup se donna au jeu avec plus d'entrain encore que le jeudi précédent. La partie de cheval terminée, Delphine demanda :

— Loup, si on jouait au loup ?

Le jeu était nouveau pour lui, on lui en expliqua les règles, et tout naturellement, il fut désigné pour être le loup. Tandis qu'il était caché sous la table, les petites passaient et repassaient devant lui en chantant le refrain :

« Promenons-nous le long du bois, pendant que le loup y est pas. Loup y es-tu ? m'entends-tu ? quoi fais-tu ? »

Le loup répondait en se tenant les côtes, la voix étranglée par le rire :

— Je mets mon caleçon.

Toujours riant, il disait qu'il mettait sa culotte, puis ses bretelles, son faux col, son gilet. Quand il en vint à enfiler ses bottes, il commença d'être sérieux.

— Je boucle mon ceinturon, dit le loup, et il éclata d'un rire bref. Il se sentait mal à l'aise, une angoisse lui étreignait la gorge, ses ongles grattèrent le carrelage de la cuisine.

Devant ses yeux luisants, passaient et repassaient les jambes des deux petites. Un frémissement lui courut sur l'échine, les babines se froncèrent.

— ... Loup y es-tu ? m'entends-tu ? quoi fais-tu ?

— Je prends mon grand sabre ! dit-il d'une voix

26

rauque, et déjà les idées se brouillaient dans sa tête. Il ne voyait plus les jambes des fillettes, il les humait.

— ...Loup y es-tu ? m'entends-tu ? quoi fais-tu ?

— Je monte à cheval et je sors du bois !

Alors le loup, poussant un grand hurlement, fit un bond hors de sa cachette, la gueule béante et les griffes dehors. Les petites n'avaient pas encore eu le temps de prendre peur, qu'elles étaient déjà dévorées.

Heureusement, le loup ne savait pas ouvrir les portes, il demeura prisonnier dans la cuisine. En rentrant, les parents n'eurent qu'à lui ouvrir le ventre pour délivrer les deux petites. Mais, au fond, ce n'était pas de jeu.

Delphine et Marinette lui en voulaient un peu de ce qu'il les eût mangées sans plus d'égards, mais elles avaient si bien joué avec lui qu'elles prièrent les parents de le laisser s'en aller. On lui recousit le ventre solidement avec deux mètres d'une bonne ficelle frottée d'un morceau de suif, et une grosse aiguille à matelas. Les petites pleuraient parce qu'il avait mal, mais le loup disait en retenant ses larmes :

— Je l'ai bien mérité, allez, et vous êtes encore trop bonnes de me plaindre. Je vous jure qu'à l'avenir on ne me prendra plus à être aussi gourmand. Et d'abord, quand je verrai des enfants je commencerai par me sauver.

On croit que le loup a tenu parole. En tout cas, l'on n'a pas entendu dire qu'il ait mangé de petite fille depuis son aventure avec Delphine et Marinette.

Le cerf et le chien

Delphine caressait le chat de la maison et Marinette chantait une petite chanson à un poussin jaune qu'elle tenait sur les genoux.

— Tiens, dit le poussin en regardant du côté de la route, voilà un bœuf.

Levant la tête, Marinette vit un cerf qui galopait à travers prés en direction de la ferme. C'était une bête de grande taille portant une ramure compliquée. Il fit un bond par-dessus le fossé qui bordait la route et, débouchant dans la cour, s'arrêta devant les deux petites. Ses flancs haletaient, ses pattes frêles tremblaient et il était si essoufflé qu'il ne put parler d'abord. Il regardait Delphine et Marinette avec des yeux doux et humides. Enfin, il fléchit les genoux et leur demanda d'une voix suppliante :

— Cachez-moi. Les chiens sont sur ma trace. Ils veulent me manger. Défendez-moi.

Les petites le prirent par le cou, appuyant leurs têtes contre la sienne, mais le chat se mit à leur fouetter les jambes avec sa queue et à gronder :

— C'est bien le moment de s'embrasser ! Quand les chiens seront sur lui, il en sera bien plus gras ! J'en-

29

tends déjà aboyer à la lisière du bois. Allons, ouvrez-lui plutôt la porte de la maison et conduisez-le dans votre chambre.

Tout en parlant, il n'arrêtait pas de faire marcher sa queue et de leur en donner par les jambes aussi fort qu'il pouvait. Les petites comprirent qu'elles n'avaient que trop perdu de temps. Delphine courut ouvrir la porte de la maison et Marinette, précédant le cerf, galopa jusqu'à la chambre qu'elle partageait avec sa sœur.

— Tenez, dit-elle, reposez-vous et ne craignez rien. Voulez-vous que j'étende une couverture par terre ?

— Oh ! non, dit le cerf, ce n'est pas la peine. Vous êtes trop bonne.

— Comme vous devez avoir soif ! Je vous mets de l'eau dans la cuvette. Elle est très fraîche. On l'a tirée au puits tout à l'heure. Mais j'entends le chat qui m'appelle. Je vous laisse. A bientôt.

— Merci, dit le cerf. Je n'oublierai jamais.

Lorsque Marinette fut dans la cour et la porte de la maison bien fermée, le chat dit aux deux petites :

— Surtout n'ayons l'air de rien. Asseyez-vous comme vous étiez tout à l'heure et occupez-vous du poussin et caressez-moi.

Marinette reprit le poussin sur ses genoux, mais il ne tenait pas en place et sautillait en piaillant :

Qu'est-ce que ça veut dire ? Moi, je n'y comprends rien. Je voudrais bien savoir pourquoi on a fait entrer un bœuf dans la maison ?

— Un cerf ? Ah ! c'est un cerf ?... Tiens, tiens, un cerf...

Marinette lui chanta *Su l'pont de Nantes* et, comme elle le berçait, il s'endormit tout d'un coup dans son tablier. Le chat lui-même ronronnait sous les caresses de Delphine et faisait le gros dos. Par le même chemin qu'avait pris le cerf, les petites virent accourir un chien de chasse, aux longues oreilles pendantes. Toujours courant, il traversa la route et ne ralentit son allure qu'au milieu de la cour afin de flairer le sol. Il arriva ainsi devant les deux petites et leur demanda brusquement :

LE CERF EST PASSÉ PAR ICI. OÙ EST-IL ALLÉ ?

— Le cerf ? firent les petites. Quel cerf ?

Le chien les regarda l'une après l'autre et, les voyant rougir, se remit à flairer le sol. Il n'hésita presque pas et s'en fut tout droit à la porte. En passant, il bouscula Marinette sans même y prendre garde. Le poussin, qui continuait à dormir, en vacilla dans son tablier. Il ouvrit un œil, battit des ailerons et, sans avoir compris ce qui venait de se passer, se rendormit

31

dans son duvet. Cependant, le chien promenait son nez sur le seuil de la porte.

— Je sens ici une odeur de cerf, dit-il en se tournant vers les petites.

Elles firent semblant de ne pas entendre. Alors il se mit à crier :

— Je dis que je sens ici une odeur de cerf !

Feignant d'être réveillé en sursaut, le chat se dressa sur ses pattes, regarda le chien d'un air étonné et lui dit :

— Qu'est-ce que vous faites ici ? En voilà des façons de venir renifler à la porte des gens ! Faites-moi donc le plaisir de décamper.

Les petites s'étaient levées et s'approchaient du chien en baissant la tête. Marinette avait pris le poussin dans ses deux mains et lui, d'être ainsi ballotté, finit par se réveiller pour de bon. Il tendait le cou de côté et d'autre, essayant de voir par-dessus les deux mains, et ne comprenait pas bien où il était. Le chien regarda sévèrement les petites et leur dit en montrant le chat :

— Vous avez entendu de quel ton il me parle ? Je devrais lui casser les reins, mais, à cause de vous, je veux bien n'en rien faire. En retour, vous allez me dire toute la vérité. Allons, avouez-le. Tout à l'heure, vous avez vu arriver un cerf dans la cour. Vous en avez eu pitié et vous l'avez fait entrer dans la maison.

— Je vous assure, dit Marinette d'une voix un peu hésitante, il n'y a pas de cerf dans la maison.

Elle avait à peine fini de parler que le poussin, se haussant sur ses pattes et penché par-dessus sa main comme à un balcon, s'égosillait à crier :

— Mais si ! voyons ! mais si ! La petite ne se rappelle pas, mais moi je me rappelle très bien ! Elle a fait entrer un cerf dans la maison, oui, oui, un

32

cerf ! une grande bête avec plusieurs cornes. Ah !
ah ! heureusement que j'ai de la mémoire, moi !

Et il se rengorgeait en faisant mousser son duvet.
Le chat aurait voulu pouvoir le manger.

— J'en étais sûr, dit le chien aux deux petites.
Mon flair ne me trompe jamais. Quand je disais que le
cerf se trouvait dans la maison, c'était pour moi comme
si je voyais. Allons, soyez raisonnables et faites-le
sortir. Songez que cette bête ne vous appartient pas.
Si mon maître apprenait ce qui s'est passé, il viendrait
sûrement trouver vos parents. Ne vous entêtez pas.

Les petites ne bougeaient pas. Elles commencèrent
par renifler, puis, les larmes venant dans les yeux, elles
se mirent à sangloter. Alors le chien parut tout
ennuyé. Il les regardait pleurer et, baissant la tête,
fixait ses pattes d'un air pensif. A la fin, il toucha le
mollet de Delphine avec son nez et dit en soupirant :

— C'est drôle, je ne peux pas voir pleurer des
petites. Ecoutez, je ne veux pas être méchant. Après
tout, le cerf ne m'a rien fait. D'un autre côté, bien
sûr, le gibier est le gibier et je devrais faire mon
métier. Mais, pour une fois... Tenez, je veux bien ne
m'être aperçu de rien.

Delphine et Marinette, toutes souriantes déjà,
s'apprêtaient à le remercier, mais il se déroba et,

l'oreille tendue à des aboiements qui semblaient venir de la lisière du bois, dit en hochant la tête :

— Ne vous réjouissez pas. J'ai bien peur que vos larmes aient été inutiles et qu'il ne vous faille en verser d'autres tout à l'heure. J'entends aboyer mes compagnons de meute. Ils auront bien sûr retrouvé la trace du cerf et vous n'allez pas tarder à les voir apparaître. Que leur direz-vous ? Il ne faut pas compter les attendrir. J'aime autant vous prévenir, ils ne connaissent que le service. Tant que vous n'aurez pas lâché le cerf, ils ne quitteront pas la maison.

— Naturellement qu'il faut lâcher le cerf ! s'écria le poussin en se penchant à son balcon.

— Tais-toi, lui dit Marinette dont les larmes recommençaient à couler.

Tandis que les petites pleuraient, le chat remuait sa queue pour mieux réfléchir. On le regardait avec anxiété.

— Allons, ne pleurez plus, ordonna-t-il, nous allons

recevoir la meute. Delphine, va au puits tirer un seau
d'eau fraîche que tu poseras à l'entrée de la cour. Toi,
Marinette, va-t'en au jardin avec le chien. Je vous
rejoins. Mais d'abord, débarrasse-toi du poussin. Mets-
le sous cette corbeille, tiens.

Marinette posa le poussin par terre et renversa sur
lui la corbeille, en sorte qu'il se trouva prisonnier
sans avoir eu le temps de protester. Delphine tira un
seau d'eau et le porta jusqu'à l'entrée de la cour.
Tandis que ses compagnons étaient au jardin, elle vit
poindre la meute annoncée par ses aboiements. Bientôt
elle put compter les chiens qui la composaient. Ils
étaient huit d'une même taille et d'une même couleur
avec de grandes oreilles pendantes. Delphine s'inquié-
tait d'être seule pour les accueillir. Enfin, le chat sortit
du jardin, précédant Marinette qui portait un énorme
bouquet de roses, de jasmin, de lilas, d'œillets. Il était
temps. Les chiens arrivaient sur la route. Le chat
s'avança à leur rencontre et leur dit aimablement :

— Vous venez pour le cerf ? Il est passé par ici il y
a un quart d'heure.

— Veux-tu dire qu'il est reparti ? demanda un
chien d'un air méfiant.

— Oui, il est entré dans la cour et il en est ressorti
aussitôt. Il y avait déjà un chien sur sa trace, un chien
pareil à vous et qui s'appelle Pataud.

— Ah ! oui... Pataud... en effet.

— Je vais vous dire exactement la direction qu'a
prise le cerf.

— Inutile, grogna un chien, nous saurons bien
retrouver sa trace.

Marinette s'avança tout contre la meute et interro-
gea :

— Lequel d'entre vous s'appelle Ravageur ? Pataud
m'a donné une commission pour lui. Il m'avait bien

dit : « Vous le reconnaîtrez facilement, c'est le plus beau de tous... »

Ravageur fit une courbette et sa queue frétilla.

— Ma foi, poursuivit Marinette, j'hésitais à vous reconnaître. Vos compagnons sont si beaux ! Vraiment, on n'a jamais vu d'aussi beaux chiens...

— Ils sont bien beaux, appuya Delphine. On ne se lasserait pas de les admirer.

La meute fit entendre un murmure de satisfaction et toutes les queues se mirent à frétiller.

— Pataud m'a donc chargée de vous offrir à boire. Il paraît que ce matin vous étiez un peu fiévreux et il a pensé qu'après une si longue course vous aviez besoin de vous rafraîchir. Tenez, voilà un seau d'eau qui sort du puits... Si vos compagnons veulent en profiter aussi...

— Ce n'est pas de refus, firent les chiens.

La meute se pressa autour du seau et il y eut même un peu de désordre. Cependant, les petites leur faisaient compliment de leur beauté et de leur élégance.

— Vous êtes si beaux, dit Marinette, que je veux vous faire un cadeau de mes fleurs. Jamais chiens ne les auront mieux méritées.

Pendant qu'ils buvaient, les petites qui s'étaient partagé le bouquet se hâtaient de passer des fleurs dans leurs colliers. En un moment, chacun d'eux fut pourvu d'une collerette bien fournie, la rose alternant avec l'œillet, le lilas avec le jasmin. Ils prenaient plaisir à s'admirer les uns les autres.

— Ravageur, encore un jasmin... le jasmin vous va si bien ! Mais dites-moi, peut-être avez-vous encore soif ?

— Non, merci, vous êtes trop aimable. Il nous faut attraper notre cerf...

Pourtant, les chiens ne se pressaient pas de partir. Ils tournaient en rond d'un air inquiet, sans pouvoir se décider à prendre une direction. Ravageur avait beau promener son museau sur le sol, il ne retrouvait pas la trace du cerf. Le parfum de l'œillet, du jasmin, de la rose et du lilas, qui lui venait à pleines narines, lui masquait en même temps l'odeur de la bête. Et ses compagnons, pareillement engoncés dans leurs collerettes de fleurs et de parfums, reniflaient en vain. Ravageur finit par s'adresser au chat :

— Voudrais-tu nous indiquer la direction qu'a prise le cerf ?

— Volontiers, répondit le chat. Il est parti de ce côté-là et il est rentré dans la forêt à l'endroit où elle fait une pointe sur la campagne.

Ravageur dit adieu aux petites et la meute fleurie s'éloigna au galop. Quand elle eut disparu dans les bois, le chien Pataud sortit du jardin où il était resté caché et demanda qu'on fît venir le cerf.

— Puisque j'ai tant fait que de me joindre au complot, dit-il, je veux encore lui donner un avis.

Marinette fit sortir le cerf de la maison. Il apprit en tremblant à quels dangers il venait d'échapper.

— Vous voilà sauvé pour aujourd'hui, lui dit le chien après qu'il eut remercié son monde, mais demain ? Je ne veux pas vous effrayer, mais pensez aux chiens, aux chasseurs, aux fusils. Croyez-vous que mon maître vous pardonnera de lui avoir échappé ?

Un jour ou l'autre, il lancera la meute à votre pour-suite. Moi-même, il me faudra vous traquer et j'en serai bien malheureux. Si vous étiez sage, vous renon-ceriez à courir par les bois.

— Quitter les bois ! s'écria le cerf. Je m'ennuierais trop. Et puis, où aller ? Je ne peux pas rester dans la plaine à la vue des passants.

— Pourquoi pas ? C'est à vous d'y réfléchir. En tout cas, pour l'instant, vous y êtes plus en sûreté que dans la forêt. Si vous m'en croyez, vous resterez par ici jusqu'à la nuit tombée. J'aperçois là-bas, en bor-dure de la rivière, des buissons qui vous feraient une bonne cachette. Et maintenant, adieu, et puissé-je ne jamais vous rencontrer dans nos bois. Adieu les petites, adieu le chat, et veillez bien sur notre ami.

Peu après le départ du chien, le cerf à son tour faisait ses adieux et gagnait les buissons de la rivière.

Plusieurs fois, il se retourna pour faire signe aux petites qui agitaient leurs mouchoirs. Lorsqu'il fut à l'abri, Marinette songea enfin au poussin qu'elle avait oublié sous la corbeille. Croyant la nuit tombée, il s'était endormi.

En rentrant de la foire où ils s'étaient rendus depuis le matin dans l'intention d'acheter un bœuf, les parents se montrèrent de mauvaise humeur. Ils n'avaient pas pu acheter de bœuf, tout étant hors de prix.

— C'est malheureux, rageaient-ils, avoir perdu toute

une journée pour ne rien trouver. Et avec quoi allons-nous travailler ?

— Il y a tout de même un bœuf à l'écurie ! firent observer les petites.

— Bel attelage ! Comme si un bœuf pouvait suffire ! Vous feriez mieux de vous taire. Et puis, on dirait qu'il s'est passé ici de bien drôles de choses en notre absence. Pourquoi ce seau est-il à l'entrée de la cour ?

— C'est moi qui ai fait boire le veau tout à l'heure, dit Delphine, et j'aurai oublié de remettre le seau en place.

— Hum ! Et cette fleur de jasmin et cet œillet qui traînent là par terre ?

— Un œillet ? firent les petites. Tiens, c'est vrai...

Mais, sous le regard des parents, elles ne purent pas s'empêcher de rougir. Alors, saisis d'un terrible soupçon, ils coururent au jardin.

— Toutes les fleurs coupées ! le jardin dévalisé ! Les roses ! Les jasmins, les œillets, les lilas ! Petites malheureuses, pourquoi avez-vous cueilli nos fleurs ?

— Je ne sais pas, balbutia Delphine, nous n'avons rien vu.

— Ah ! vous n'avez rien vu ? Ah ! vraiment ?

Voyant les parents qui se préparaient à tirer les oreilles de leurs filles, le chat sauta sur la plus basse branche d'un pommier et leur dit sous le nez :

— Ne vous emportez pas si vite. Je ne suis pas bien surpris que les petites n'aient rien vu. A midi, pendant qu'elles déjeunaient, je me chauffais au soleil sur le rebord de la fenêtre et j'ai aperçu un vagabond qui lorgnait le jardin depuis la route. Je me suis endormi sans y prendre garde autrement. Et un moment plus tard, comme j'ouvrais un œil, j'ai vu mon homme s'éloigner sur la route en tenant quelque chose à pleins bras.

— Fainéant, ne devais-tu pas courir après lui ?

— Et qu'aurais-je fait, moi, pauvre chat ? Les vagabonds ne sont pas mon affaire. Je suis trop petit. Ce qu'il faudrait ici, c'est un chien. Ah ! s'il y avait eu un chien !

— Encore plutôt, grommelèrent les parents. Nourrir une bête à ne rien faire ? C'est déjà bien assez de toi.

— A votre aise, dit le chat. Aujourd'hui, on a pris les fleurs du jardin. Demain, on volera les poulets, et un autre jour, ce sera le veau.

Les parents ne répondirent pas, mais les dernières paroles du chat leur donnèrent à réfléchir. L'idée d'avoir un chien leur paraissait assez raisonnable et ils l'envisagèrent à plusieurs reprises au cours de la soirée.

A l'heure du dîner, tandis que les parents passaient à table avec les petites et qu'ils se plaignaient encore de n'avoir pu trouver de bœuf à un prix honnête, le chat s'en fut à travers prés jusqu'à la rivière. Le jour commençait à baisser et les grillons chantaient déjà. Il trouva le cerf couché entre deux buissons et broutant des feuilles et des herbes. Ils eurent une longue conversation et le cerf, après avoir résisté longtemps aux avis que lui donnait le chat, finit par se laisser convaincre.

Le lendemain matin, de bonne heure, le cerf entra dans la cour de la ferme et dit aux parents :

— Bonjour, je suis un cerf. Je cherche du travail. N'avez-vous pas quelque chose pour moi ?

— Il faudrait d'abord savoir ce que tu sais faire, répondirent les parents.

— Je sais courir, trotter et aller au pas. Malgré mes jambes grêles, je suis fort. Je peux porter de lourds fardeaux. Je peux tirer une voiture, seul ou attelé en compagnie. Si vous êtes pressés d'aller quelque part, vous sautez sur mon dos et je vous conduis plus vite que ne saurait faire un cheval.

— Tout cela n'est pas mal, convinrent les parents. Mais quelles sont tes prétentions ?

— Le logement, la nourriture et, bien entendu, le repos du dimanche.

Les parents levèrent les bras au ciel. Ils ne voulaient pas entendre parler de cette journée de repos.

— C'est à prendre ou à laisser, dit le cerf. Notez que je suis très sobre et que ma nourriture ne vous coûtera pas cher.

Ces dernières paroles décidèrent les parents et il fut convenu qu'on le prenait à l'essai pour un mois. Cependant, Delphine et Marinette sortaient de la maison et feignaient l'étonnement à la vue de leur ami.

— Nous avons trouvé un compagnon pour le bœuf, dirent les parents. Tâchez d'être convenables avec lui.

— Vous avez là deux petites filles qui sont bien jolies, dit le cerf. Je suis sûr que je m'entendrai avec elles.

Sans perdre de temps, les parents, qui projetaient d'aller à la charrue, firent sortir le bœuf de l'écurie. En apercevant le cerf dont la ramure avait de quoi le surprendre, il se mit à rire, d'abord discrètement, puis à pleine gorge et, tant il riait, lui fallut s'asseoir par terre. C'était un bœuf d'humeur joyeuse.

— Ah ! qu'il est drôle avec son petit arbre sur la tête ! Non, laissez-moi rire ! Et ces pattes et cette queue de rien du tout ! Non, laissez-moi rire tout mon soûl.

— Allons, en voilà assez, firent les parents. Lève-toi. Il est temps de penser au travail.

Le bœuf se leva, mais quand il sut qu'on devait l'atteler avec le cerf, il se mit à rire de plus belle. Il s'en excusa auprès de son nouveau compagnon.

— Vous devez me trouver bien stupide, mais vraiment, vos cornes sont si amusantes que j'aurai de la peine à m'y habituer. En tout cas, je vous trouve l'air gentil.

— Riez votre content, je ne m'en fâche pas. Si je vous disais que vos cornes m'amusent aussi ? Mais je compte y être habitué bientôt.

En effet, après qu'ils eurent labouré ensemble une demi-journée, ils ne pensaient plus à s'étonner de la forme de leurs cornes. Les premières heures de travail furent assez pénibles pour le cerf, bien que le bœuf lui économisât autant qu'il pouvait l'effort de tirer. Le plus difficile était pour lui de régler son allure à celle de son compagnon. Il se pressait trop, donnait l'effort par à-coups et, l'instant d'après, essoufflé, trébuchant sur les mottes de terre, ralentissait le train de l'attelage. Aussi la charrue allait-elle assez souvent de travers. Le premier sillon était si tortueux que les parents faillirent renoncer à poursuivre la tâche. Par la suite, grâce aux bons avis et à la complaisance du bœuf, tout alla bien mieux et le cerf ne tarda pas à devenir une excellente bête de labour.

Néanmoins, il ne devait jamais s'intéresser à son travail au point d'y prendre plaisir. N'eût été la compagnie du bœuf pour lequel il avait une vive amitié, il n'aurait probablement pas pu s'y résigner. Il avait hâte de voir arriver la fin de la journée, qui le délivrait de la discipline des parents. En rentrant à la ferme, il se délassait en galopant dans la cour et dans les prés. Il jouait volontiers avec les petites et, lorsqu'elles

couraient après lui, il faisait exprès de se laisser attraper. Les parents regardaient leurs ébats sans bienveillance.

— A quoi ça ressemble! disaient-ils. Après une journée de travail, aller se fatiguer à courir au lieu de bien se reposer pour être frais et dispos le lendemain. C'est comme les gamines, elles s'en donnent déjà bien assez toute la journée sans avoir besoin de s'essouffler derrière toi.

— De quoi vous plaignez-vous? répliquait le cerf. Il doit vous suffire que je fasse mon travail convenablement. Pour les petites, je leur apprends à courir et à sauter. Depuis que je suis ici, elles courent déjà bien plus vite. N'est-ce rien? et y a-t-il dans la vie quelque chose qui soit plus utile que de bien courir?

Mais toutes ces bonnes raisons ne contentaient pas les parents, qui continuaient à grommeler en haussant les épaules. Le cerf ne les aimait guère et, sans la crainte de peiner les deux petites, il se fût laissé aller plus d'une fois à montrer ses vrais sentiments. Les amis qu'il s'était faits parmi les bêtes de la ferme l'aidaient aussi à prendre patience. Il y avait un canard bleu et vert avec lequel il s'entendait très bien et qu'il installait parfois entre ses cornes pour lui faire voir le monde d'un peu haut. Il aimait également beaucoup le cochon, qui lui rappelait un sanglier de ses amis.

Le soir, à l'écurie, il avait de longues conversations avec le bœuf. Ils se racontaient leurs vies. Celle du

bœuf était bien monotone et l'arrivée du cerf à la
ferme en avait été le plus grand événement. Il en
convenait lui-même et, au lieu de raconter, préférait
écouter son ami. Celui-ci parlait des bois, des clai-
rières, des étangs, des nuits passées à poursuivre la
lune, des bains de rosée et des habitants de la forêt.

— N'avoir pas de maître, pas d'obligations, pas
d'heure, mais courir à sa fantaisie, jouer avec les
lapins, parler au coucou ou au sanglier qui passe...

— Je ne dis pas, répondait le bœuf, mais l'écurie
n'est pas méprisable non plus. La forêt, je verrais ça
plutôt pour des vacances, à la belle saison. Tu diras ce
que tu voudras, mais en hiver ou par les grandes
pluies, les bois ne sont guère agréables, au lieu qu'ici
je suis à l'abri, les sabots au sec, une botte de paille
fraîche pour me coucher et du foin dans mon râtelier. Ce n'est quand même pas rien.

Mais, tandis qu'il parlait ainsi, le bœuf songeait avec
envie à cette vie de sous-bois qu'il ne connaîtrait
jamais. Dans la journée, en labourant sur le milieu de
la plaine, il lui arrivait de regarder la forêt en poussant, comme le cerf, un soupir de regret. La nuit
même, il rêvait parfois qu'il jouait avec des lapins au
milieu d'une clairière ou qu'il grimpait à un arbre
derrière un écureuil.

Le dimanche, le cerf quittait l'écurie dès le matin
et s'en allait passer la journée en forêt. Le soir, il

rentrait avec des yeux brillants et parlait longuement des rencontres qu'il avait faites, des amis retrouvés, des courses et des jeux, mais le lendemain il était triste et ne desserrait pas les dents, sauf pour se plaindre de la vie ennuyeuse qu'il menait à la ferme. Plusieurs fois, il avait demandé la permission d'emmener le bœuf, mais les parents s'étaient presque fâchés.

— Emmener le bœuf ! pour aller traîner par les bois ! Laisse le bœuf en paix.

Le pauvre bœuf voyait partir son compagnon avec envie et passait un triste dimanche à rêver des bois et des étangs. Il en voulait aux parents de le tenir serré comme un jeune veau, lui qui avait cinq ans déjà. Delphine et Marinette n'eurent jamais non plus la permission d'accompagner le cerf, mais un dimanche après-midi, sous prétexte d'aller cueillir le muguet, elles le rejoignirent dans un endroit de la forêt où ils s'étaient donné rendez-vous. Il les fit monter sur son dos et les promena au travers des bois. Delphine était solidement accrochée à ses cornes et Marinette tenait sa sœur par la ceinture. Il disait les noms des arbres, montrait des nids, des terriers de lapins ou de renards. Parfois une pie ou un coucou venait se poser sur ses cornes et lui racontait les nouvelles de la semaine.

Au bord d'un étang, il s'arrêta un moment pour causer avec une vieille carpe âgée de plus de cinquante ans, qui bâillait le nez hors de l'eau. Comme il lui présentait les petites, elle répondit aimablement :

— Oh ! tu n'as pas besoin de me dire qui elles sont. J'ai connu leur mère quand elle était une petite fille, je parle d'il y a vingt-cinq ou trente ans, et en les voyant je crois la retrouver telle qu'elle était. C'est égal, je suis bien contente d'apprendre qu'elles s'appellent Delphine et Marinette. Elles paraissent bien polies, bien convenables. Il faudra revenir me voir, petites.

— Oh ! oui, madame, promirent les petites.

En quittant l'étang, le cerf emmena Delphine et Marinette dans une clairière et leur demanda de mettre pied à terre. Puis, avisant un trou à peine plus gros que le poing au pied d'un talus couvert de mousse, il en approcha son museau et, par trois fois, fit entendre un léger cri. Comme il reculait de quelques pas, les petites virent la tête d'un lapin s'avancer au bord du trou.

— Ne crains rien, dit le cerf. Les petites que tu vois là sont mes amies.

Rassuré, le lapin sortit de son terrier et deux autres lapins sortirent derrière lui. Delphine et Marinette les intimidaient encore un peu et ils furent un moment avant de se laisser caresser. Enfin, ils se mirent à jouer avec elles et à poser des questions. Ils voulaient savoir où était le terrier des petites, quelles sortes d'herbes elles préféraient, si elles étaient nées avec leurs habits ou s'ils étaient poussés plus tard. Elles étaient souvent embarrassées de répondre. Delphine ôta son tablier pour montrer qu'il ne tenait pas à sa peau et Marinette se déchaussa d'un pied. Pensant qu'elles devaient se faire très mal, ils fermaient les yeux pour ne pas voir. Lorsqu'ils eurent enfin compris ce qu'étaient des habits, l'un d'eux fit observer :

— C'est amusant, bien sûr, mais je ne vois pas l'avantage. Vos habits, vous devez les perdre ou oublier de les mettre. Pourquoi ne pas avoir du poil comme tout le monde ? c'est tellement plus commode.

Les petites étaient en train de leur apprendre un jeu, lorsque les trois lapins, d'un même mouvement, coururent jusqu'à l'entrée de leur terrier en criant :

— Un chien ! sauvez-vous ! Voilà un chien !

En effet, à l'entrée de la clairière, un chien sortait d'un taillis.

— N'ayez pas peur, dit-il, je suis Pataud. En passant près d'ici, j'ai reconnu le rire des petites et je suis venu vous dire bonjour.

Le cerf et les petites s'avancèrent à sa rencontre, mais rien ne put décider les lapins à quitter l'entrée du terrier. Le chien demanda au cerf à quoi il avait occupé son temps depuis le jour de la poursuite et il fut très content d'apprendre qu'il travaillait à la ferme.

— Tu ne pouvais pas agir plus sagement et je voudrais être sûr que tu auras assez de raison pour y rester toujours.

— Toujours ? protesta le cerf. Non, ce n'est pas possible. Si tu savais comme le travail est ennuyeux et comme la plaine est triste par ces grands soleils, alors qu'il fait si frais et si doux dans nos bois.

— Les bois n'ont jamais été moins sûrs, repartit le chien. On chasse presque tous les jours.

— Tu veux me faire peur, mais je sais bien qu'il n'y a presque rien à craindre.

— Je veux te faire peur, oui, pauvre cerf. Hier encore, nous avons tué un sanglier. Mais tu le connais probablement. C'était ce vieux sanglier qui avait une défense cassée.

— C'était mon meilleur ami ! gémit le cerf, qui se mit à verser des larmes.

Les petites regardaient le chien avec un air de reproche et Marinette demanda :

— Ce n'est pas vous qui l'avez tué, dites ?

— Non, mais j'étais avec les chiens qui l'ont forcé. Il fallait bien. Ah ! quel métier ! depuis que je vous connais, je ne peux pas dire combien il m'est pénible. Si je pouvais, moi aussi, quitter la forêt pour aller travailler dans une ferme...

— Justement, nos parents ont besoin d'un chien, dit Delphine. Venez à la maison.

— Je ne peux pas, soupira Pataud. Quand on a un métier, il faut bien qu'on le fasse. C'est ce qui compte d'abord. D'un autre côté, je ne voudrais pas non plus abandonner des compagnons de meute avec lesquels j'ai toujours vécu. Tant pis pour moi. Mais j'aurais moins de peine à vous quitter si notre ami voulait me promettre de rester à la ferme.

Avec l'aide des petites, il pressa le cerf de renoncer pour toujours à la vie des bois. Le cerf hésitait à répondre et regardait les trois lapins cabrioler autour de leur terrier. L'un d'eux s'était arrêté et l'appelait dans leur jeu. Alors il fit signe aux petites qu'il ne pouvait rien promettre.

Le lendemain, le cerf était attelé avec le bœuf dans la cour de la ferme et rêvait aux arbres et aux bêtes de la forêt. Distrait, il n'entendit pas l'ordre de se mettre en route et resta sur place. Le bœuf avait eu un mouvement en avant, mais, sentant résister son compagnon, il attendit sans bouger.

— Allons, hue ! dirent les parents. C'est encore cette sale bête !

Et comme le cerf, toujours distrait, demeurait immobile, ils lui donnèrent un coup de bâton. Il eut alors un sursaut de colère et s'écria :

— Dételez-moi tout de suite ! Je ne suis plus à votre service.

— Marche ! tu bavarderas une autre fois.

Comme il refusait de tirer la voiture, les parents lui donnèrent encore deux coups de bâton et, sur nouveau refus, trois coups. Enfin, il se décida et les parents triomphèrent. En arrivant au champ où ils devaient planter des pommes de terre, ils déchargèrent le sac de semences et, dételant les bêtes, les mirent à paître sur le bord du chemin. La leçon des coups de bâton semblait avoir été profitable, car le cerf se montrait docile. Mais les parents avaient à peine commencé de planter qu'il disait au bœuf :

— Cette fois, je pars et pour toujours. N'essaie pas de me retenir, tu perdrais ton temps.

— Bon, fit le bœuf. Alors je pars aussi. Tu m'as tant parlé de la vie des bois que j'ai hâte de la connaître. Décampons.

Pendant que les parents tournaient le dos, ils gagnèrent un rideau de pommiers en fleurs et, de là, un chemin creux qui les conduisit droit aux bois. Tout heureux, le bœuf trottait en dansant et en chantonnant une chanson que lui avaient apprise les petites. Sa nouvelle vie lui semblait aussi belle qu'il avait pu l'imaginer depuis l'écurie. A peine entré dans la forêt, il commençait à déchanter. Il avait du mal à suivre le cerf à travers les taillis. Sa carrure le gênait beaucoup et ses longues cornes, plantées horizontalement, l'arrêtaient à chaque instant. Il songeait avec inquiétude qu'il ne pourrait jamais, en cas de danger, prendre sa course à travers les bois. Cependant, le cerf s'engageait sur un terrain marécageux où il marchait si légèrement qu'on y voyait à peine la trace de ses pieds. Le bœuf n'y avait pas fait trois pas qu'il enfonçait jusqu'aux genoux. Lorsque après bien des efforts il se fut tiré de là, il dit à son compagnon :

— Décidément, la forêt ne me convient pas. Il vaut mieux pour moi ne pas m'entêter et pour toi aussi. Je retourne sur la plaine.

Le cerf n'essaya pas de le retenir et l'accompagna jusqu'au bord de la forêt. Très loin, il aperçut les petites qui faisaient deux taches blondes dans la cour de la ferme et dit en les montrant au bœuf :

— Je n'aurais peut-être jamais eu le courage de les quitter si leurs parents ne m'avaient pas frappé. Elles et toi et toutes les bêtes de là-bas, vous allez bien me manquer...

Après de longs adieux, ils se séparèrent et le bœuf regagna son champ de pommes de terre.

En apprenant la fuite du cerf, les parents regrettèrent les coups de bâton. Il leur fallut acheter un autre bœuf qui leur coûta les yeux de la tête, mais c'était bien fait.

Les petites ne voulaient pas croire que leur ami le cerf fût parti pour toujours.

— Il reviendra, disaient-elles, il ne pourra pas toujours se passer de nous.

Mais les semaines passèrent et le cerf ne revenait pas. Elles soupiraient en regardant du côté du bois :

— Il nous a oubliées. Il joue avec les lapins et les écureuils et il nous a oubliées.

Un matin qu'elles écossaient des petits pois sur le seuil de la maison, le chien Pataud entra dans la cour. Il portait la tête basse et dit en arrivant auprès d'elles :

J'ai une mauvaise nouvelle à vous apprendre.

— Le cerf ! crièrent les petites.

— Oui, le cerf. Mon maître l'a tué hier après-midi. Pourtant j'ai fait tout ce que j'ai pu pour entraîner la meute sur une fausse piste. Mais Ravageur se méfiait de moi. Quand je suis arrivé près du cerf, il respirait encore et il m'a reconnu. Avec ses dents, il a cueilli une petite marguerite et il me l'a donnée

pour vous. « Pour les petites », il m'a dit. Tenez, la voilà, passée dans mon collier. Prenez-la.

Les petites pleuraient dans leur tablier et le canard bleu et vert pleurait aussi. Au bout d'un moment, le chien reprit :

— Et maintenant, je ne veux plus entendre parler de la chasse. C'est fini. Je voulais vous demander si vos parents avaient toujours envie d'un chien.

— Oui, répondit Marinette. Ils en parlaient encore tout à l'heure. Ah ! je suis bien contente ! tu vas rester avec nous !

Et les petites et le canard souriaient au chien qui balançait sa queue avec amitié.

L'éléphant

Les parents mirent leurs habits du dimanche et, avant de quitter la maison, dirent aux deux petites :

— On ne vous emmène pas voir votre oncle Alfred, parce qu'il pleut trop fort. Profitez-en pour bien apprendre vos leçons.

— Je les sais déjà, dit Marinette, je les ai apprises hier soir.

— Moi aussi, dit Delphine.

— Alors, amusez-vous gentiment, et, surtout, ne laissez entrer personne chez nous.

Les parents s'éloignèrent, et les petites, le nez au carreau de la fenêtre, les suivirent longtemps du regard. La pluie tombait si serrée qu'elles ne regrettaient presque pas de ne pas aller voir leur oncle Alfred. Elles parlaient de jouer au loto, lorsqu'elles virent le dindon traverser la cour en courant. Il se mit à l'abri sous le hangar, secoua ses plumes mouillées et essuya son grand cou dans le duvet de son jabot.

— C'est un mauvais temps pour les dindons, fit observer Delphine, et pour les autres bêtes aussi. Heureusement, ça ne dure jamais longtemps. Mais s'il pleuvait pendant quarante jours et quarante nuits ?

— Il n'y a pas de raison, dit Marinette. Pourquoi veux-tu qu'il pleuve pendant quarante jours et quarante nuits ?

— Bien sûr. Mais je pensais qu'au lieu de jouer au loto, on pourrait peut-être jouer à l'Arche de Noé.

Marinette trouva l'idée très bonne et pensa que la cuisine ferait un excellent bateau. Quant aux bêtes, les petites ne furent pas embarrassées pour les trouver. Elles allèrent à l'écurie et à la basse-cour et décidèrent facilement le bœuf, la vache, le cheval, le mouton, le coq, la poule, à les suivre dans la cuisine. La plupart étaient très contents de jouer à l'Arche de Noé. Il y eut bien quelques grincheux, comme le dindon et le cochon, pour protester qu'ils ne voulaient pas être dérangés, mais Marinette leur déclara sans rire :

— C'est le déluge. Il va pleuvoir pendant quarante jours et quarante nuits. Si vous ne voulez pas venir dans l'Arche, tant pis pour vous. La terre sera couverte par les eaux, et vous serez noyés.

Les grincheux ne se le firent pas dire deux fois et se bousculèrent pour entrer à la cuisine. Pour les poules, il n'y eut pas besoin de leur faire peur. Elles voulaient toutes venir jouer, et Delphine, après en avoir choisi une, fut obligée d'écarter les autres.

— Vous comprenez, je ne peux prendre qu'une poule. Autrement, ce ne serait pas de jeu.

En moins d'un quart d'heure, toutes les bêtes de la ferme furent représentées dans la cuisine. On craignait que le bœuf ne pût passer par la porte, à cause de ses grandes cornes, mais en penchant la tête de côté, il entra très bien, et la vache aussi. L'Arche se trouva si pleine qu'il fallut loger sur la table la poule, le coq, la dinde, le dindon et le chat. Il n'y eut pourtant aucun désordre et les bêtes se montrèrent tout à fait raisonnables. D'ailleurs, elles étaient un peu intimidées d'être dans la cuisine, où, sauf le chat, et peut-être la poule, elles n'avaient jamais pénétré. Le cheval, qui se trouvait auprès de l'horloge, regardait tantôt le cadran et le balancier, tantôt l'inquiétude faisait bouger ses oreilles pointues. La vache n'était pas moins curieuse de tout ce qu'elle apercevait derrière les vitres du buffet. Surtout, elle ne pouvait détacher son regard d'un fromage et d'un pot de lait, qui lui firent murmurer à plusieurs reprises : « Je comprends, maintenant, je comprends... »

Au bout d'un moment, les bêtes commencèrent à prendre peur. Même celles qui savaient que c'était pour jouer, en venaient à se demander s'il s'agissait vraiment d'un jeu. En effet, Delphine, assise sur la fenêtre de la cuisine, au poste de commandement, regardait au-dehors et annonçait d'une voix anxieuse :

— Il pleut toujours... les eaux montent..., on ne voit déjà plus le jardin... Le vent est toujours violent. Barre à droite !

Marinette, qui était le pilote, tournait la clé de la cuisinière à droite, ce qui faisait fumer un peu.

— Il pleut encore..., l'eau vient d'atteindre les premières branches du pommier... Attention aux rochers !
Barre à gauche !

Marinette donna un coup de clé à gauche, et la
cuisinière fuma moins.

— Il pleut toujours..., on aperçoit encore la cime
des plus hauts arbres, mais les eaux montent... C'est
fini, on ne voit plus rien...

Alors, on entendit un grand sanglot. C'était le
cochon qui ne pouvait plus contenir son chagrin de
quitter la ferme.

— Silence à bord ! cria Delphine, je ne veux pas de
panique. Prenez modèle sur le chat. Voyez comme il
ronronne, lui.

En effet, le chat ronronnait comme si de rien n'était, sachant très bien que le déluge n'était pas sérieux.

— Si encore tout ça devait bientôt finir, geignit le cochon.

— Il faut compter un peu plus d'un an, déclara Marinette, mais nos provisions sont faites, personne n'aura faim, soyez tranquilles.

Le pauvre cochon s'effondra en pleurant tout bas. Il pensait que le voyage serait peut-être beaucoup plus long que les petites ne l'avaient prévu et que les vivres manqueraient un jour. Comme il était gros, il avait une grande peur d'être mangé. Pendant qu'il se morfondait, une petite poule blanche, toute recroquevillée sous la pluie, était grimpée sur le rebord extérieur de la fenêtre. Elle frappa du bec au carreau et dit à Delphine :

— Je voudrais bien jouer aussi, moi.

— Mais, pauvre poule blanche, tu vois bien que ce n'est pas possible. Il y a déjà une poule.

— Surtout que l'Arche est pleine, fit observer Marinette, qui s'était approchée.

La poule blanche parut si contrariée que les deux petites en furent peinées, Marinette dit à Delphine :

— Tout de même, il nous manque un éléphant. La poule blanche pourrait faire l'éléphant...

— C'est vrai, l'Arche aurait besoin d'un éléphant...

Delphine ouvrit la fenêtre, prit la petite poule dans ses mains et lui annonça qu'elle serait l'éléphant.

— Ah ! je suis bien contente, dit la poule blanche. Mais comment est-ce fait un éléphant ? Je n'en ai jamais vu.

Les petites essayèrent de lui expliquer ce qu'est un éléphant, mais sans y parvenir. Delphine se souvint alors d'un livre d'images en couleurs, que son oncle

Alfred lui avait donné. Il se trouvait dans la pièce voisine qui était la chambre des parents. Laissant à Marinette la surveillance de l'Arche, Delphine emporta la poule blanche dans la chambre, ouvrit le livre devant elle, à la page où était représenté l'éléphant, et donna encore quelques explications. La poule blanche regarda l'image avec beaucoup d'attention et de bonne volonté, car elle avait très envie de faire l'éléphant.

— Je te laisse un moment dans la chambre, lui dit Delphine. Il faut que je retourne dans l'Arche. Mais en attendant que je revienne te chercher, regarde bien ton modèle.

La petite poule blanche prit son rôle si à cœur qu'elle devint un véritable éléphant, ce qu'elle n'avait pas osé espérer. La chose arriva si vite qu'elle ne comprit pas tout de suite le changement qui venait de s'opérer.

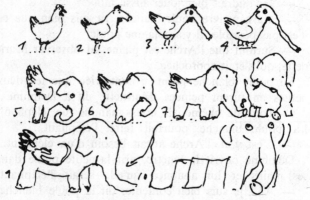

Elle croyait qu'elle était encore une petite poule, perchée très haut, tout près du plafond. Enfin, elle prit connaissance de sa trompe, de ses défenses en ivoire, de ses quatre pieds massifs, de sa peau épaisse et rugueuse qui portait encore quelques plumes blanches.

Elle était un peu étonnée, mais très satisfaite. Ce qui lui fit le plus de plaisir, ce fut de posséder d'immenses oreilles, elle qui n'en avait, auparavant, pour ainsi dire point. « Le cochon, qui était si fier des siennes, le sera peut-être moins en voyant celles-ci », pensa-t-elle.

Dans la cuisine, les petites avaient complètement oublié la poule blanche qui préparait si bien son rôle de l'autre côté de la porte. Après avoir annoncé que le vent était tombé et que l'Arche voguait en eau calme, elles se préparaient à passer la revue des animaux pris en charge. Marinette se munit d'un carnet pour inscrire les réclamations des passagers, et Delphine déclara :

— Mes chers amis, nous sommes aujourd'hui à notre quarante-cinquième jour de mer...

— Heureusement, soupira le cochon, le temps passe plus vite que je n'aurais cru !

— Silence ! cochon... Mes chers amis, comme vous le voyez, vous n'avez pas à regretter d'être venus dans l'Arche. Maintenant que le plus dur est fait, nous avons la certitude de retrouver la terre dans une dizaine de mois. Je peux bien vous le dire à présent, mais jusqu'à ces derniers jours, nous avons été souvent en danger de mort, et c'est grâce au pilote que nous avons pu nous en tirer.

Les bêtes remercièrent le pilote avec amitié. Marinette devint toute rouge de plaisir et dit en montrant sa sœur :

— C'est grâce au capitaine aussi..., il ne faudrait pas oublier le capitaine...

— Bien sûr, approuvèrent les bêtes, bien sûr ! sans le capitaine...

— Vous êtes bien gentils, leur dit Delphine. Vous n'imaginez pas combien votre confiance nous donne de courage... C'est qu'il nous en faut encore. La traversée est loin d'être finie, quoique nos plus gros ennuis soient passés... Mais j'ai voulu vous parler et savoir si vous n'aviez pas de réclamations à faire. Commençons par le chat. N'as-tu rien à demander, chat ?

— Justement, répondit le chat. J'aimerais bien avoir un bol de lait.

— Inscrivez : un bol de lait pour le chat.

Tandis que Marinette notait sur son carnet la réclamation du chat, l'éléphant entrouvrit tout doucement la porte avec sa trompe et jeta un coup d'œil dans l'Arche. Ce qu'il aperçut le réjouit et il eut hâte de se mêler à ces jeux. Delphine et Marinette lui tournaient le dos et, pour l'instant, nul ne regardait de son côté. Il pensa avec plaisir à l'étonnement des petites quand elles le découvriraient. Bientôt, la revue des passagers fut presque terminée et, comme elles arrivaient auprès de la vache qui ne cessait pas d'examiner le contenu du buffet, il ouvrit largement la porte et dit, avec une grande voix qu'il ne connaissait pas :

Les petites n'en croyaient pas leurs yeux. De stupéfaction, Delphine demeura muette un moment, et Marinette laissa échapper son carnet. Elles doutaient maintenant que l'Arche fût un jeu et étaient bien près de croire au déluge.

— Eh ! oui, dit l'éléphant, c'est moi... Est-ce que je ne suis pas un bel éléphant ?

Delphine se retint de courir à la fenêtre, parce qu'elle était tout de même le capitaine et qu'il ne lui

convenait pas de laisser paraître son affolement. Elle se
pencha sur Marinette et la pria tout bas d'aller voir si
le jardin n'avait pas disparu sous les eaux. Marinette
s'éloigna vers la fenêtre et murmura au retour :

— Non, tout est bien en place. C'est à peine s'il y
a quelques flaques d'eau dans la cour.

Cependant, les bêtes s'inquiétaient un peu à la vue
de l'éléphant qui leur était inconnu. Le cochon se mit
à pousser des hurlements qui menaçaient de semer la
panique parmi ses compagnons. Delphine prononça
sévèrement :

— Si le cochon ne se tait pas immédiatement, je le
fais jeter à la mer... Bon. Et maintenant, je dois dire
que j'ai oublié de vous parler de l'éléphant qui voyage
avec nous. Veuillez bien vous serrer encore un peu et
lui faire une place dans l'Arche.

Intimidé par la fermeté du capitaine, le cochon avait
aussitôt cessé ses cris. Toutes les bêtes se tassèrent les
unes sur les autres, afin de laisser le plus de place possible à leur nouveau compagnon de voyage. Mais
quand l'éléphant voulut entrer dans la cuisine, il
s'aperçut que la porte n'était ni assez haute ni assez
large pour lui permettre le passage, il s'en fallait d'au
moins une fois et demie.

— Je n'ose pas forcer, dit-il, j'aurais peur d'emporter le mur avec moi. C'est que je suis fort..., je suis même très fort...

— Non, non, s'écrièrent les petites, ne forcez pas ! vous jouerez depuis la chambre.

Elles n'avaient pas encore pensé que la porte était trop petite et c'était une nouvelle complication qui avait de quoi les effrayer. Si l'éléphant avait pu sortir, les parents auraient été assez surpris de le voir rôder autour de la maison, car cette espèce d'animal n'existait pas au village. Mais enfin, ils n'auraient eu aucune raison de soupçonner les petites. Le lendemain la mère aurait peut-être découvert qu'il lui manquait une petite poule blanche et l'affaire en restait là. Au contraire, quand ils trouveraient un éléphant dans leur chambre, ils n'allaient pas manquer de poser des questions et il faudrait bien avouer que l'on avait réuni toutes les bêtes dans la cuisine pour jouer à l'Arche de Noé.

— Eux qui nous avaient si bien recommandé de ne laisser entrer personne à la cuisine ! soupira Marinette.

— Peut-être que l'éléphant redeviendra une petite poule blanche, murmura Delphine. Après tout, c'est pour jouer qu'il est l'éléphant. Quand le jeu de l'Arche sera fini, il n'aura plus de raison de rester éléphant.

— Peut-être bien. Alors dépêchons-nous de jouer.

Marinette reprit le gouvernail du bateau et Delphine son poste de commandement.

— La traversée continue !

— Allons, tant mieux, dit l'éléphant, on va pouvoir jouer.

— Nous sommes en mer depuis quatre-vingt-dix jours, reprit Delphine. Il n'y a rien à signaler.

— On dirait pourtant que ça fume, fit observer le cochon.

En effet, Marinette était si émue par la présence de l'éléphant qu'elle tournait la clé de la cuisinière sans y penser.

— Cent soixante-douzième jour de mer ! annonça le capitaine. Il n'y a rien à signaler.

En général, les bêtes paraissaient assez satisfaites que le temps s'écoulât aussi vite, mais l'éléphant ne pouvait pas s'empêcher de trouver la traversée un peu monotone et il en fit la réflexion, ajoutant d'un air boudeur :

— C'est bien joli, mais moi, qu'est-ce que je fais là dedans ?

— Vous faites l'éléphant, répondit Marinette, et vous attendez que les eaux se retirent. Je crois que vous n'avez pas à vous plaindre...

— Ah ! bon, puisqu'il s'agit d'attendre...

— Deux cent trente-septième jour de mer ! Le vent

souffle, on dirait que le niveau de l'eau commence à baisser..., il baisse !

A cette nouvelle, le cochon fut si content qu'il se roula par terre en poussant des cris de joie.

— Silence donc, cochon ! ou je vous fais manger par l'éléphant, déclara Delphine.

— Ah ! oui, dit l'éléphant, j'ai bien envie de le manger !

Et il ajouta en clignant un œil vers Marinette :

— C'est tout de même amusant...

— Trois cent soixante-cinquième jour de mer ! On aperçoit le jardin, préparons-nous à sortir, et en ordre ! Le déluge est fini.

Marinette alla ouvrir la porte qui donnait sur la cour. Le cochon, dans sa frayeur d'être mangé par l'éléphant, faillit la renverser, tant il mit de hâte à sortir. Il trouva que le sol n'était pas trop détrempé et fila sous la pluie, jusque dans sa soue. Les autres bêtes quittèrent la cuisine sans bousculade et regagnèrent leurs places à l'étable ou à la basse-cour. Seul, l'éléphant demeura auprès des deux petites, il ne paraissait pas pressé de s'en aller. Delphine s'avança vers lui et dit en tapant dans ses mains :

— Allons, petite poule blanche, allons..., le jeu est fini..., il faut retourner au poulailler...

— Petite poule blanche... petite poule blanche..., appelait Marinette en offrant une poignée de grains.

Mais elles eurent beau le prier, l'éléphant ne voulut jamais redevenir une petite poule blanche.

— Ce n'est pas pour vous contrarier, disait-il, mais je trouve bien plus drôle d'être un éléphant.

Les parents furent de retour vers la fin de l'après-midi, très contents d'avoir vu l'oncle Alfred. Leurs pèlerines étaient trempées et la pluie avait pénétré jusque dans leurs sabots.

— Ah ! quel mauvais temps, dirent-ils en ouvrant la porte, nous avons bien fait de ne pas vous emmener.

— Et comment va notre oncle Alfred ? demandèrent les petites qui étaient un peu rouges.

— On vous le dira tout à l'heure. Mais laissez-nous d'abord aller nous déshabiller dans la chambre.

Les parents se dirigeaient déjà vers la porte de la chambre. Ils avaient traversé la moitié de la cuisine et les petites étaient toutes tremblantes de peur. Le cœur leur battait si fort qu'il leur fallait appuyer dessus avec les deux mains.

— Vos pèlerines sont bien mouillées, dit Delphine d'une petite voix étranglée. Il vaudrait peut-être mieux les ôter ici. Je les mettrai à sécher devant la cuisinière.

— Tiens, dirent les parents, c'est une bonne idée. Nous n'y avions pas pensé.

Les parents ôtèrent leurs pèlerines d'où l'eau dégouttait encore et les étendirent auprès du fourneau.

— Je voudrais bien savoir comment va l'oncle

Alfred, soupira Marinette. Est-ce qu'il a encore son rhumatisme à la jambe ?

— Son rhumatisme ne va pas mal... Mais patientez un moment, le temps de changer nos habits du dimanche contre nos habits des jours, et vous saurez tout.

Les parents marchèrent vers la porte de la chambre. Ils n'en étaient qu'à deux pas, mais Delphine se mit devant eux et murmura :

— Avant de changer d'habits, vous feriez peut-être bien d'ôter vos sabots. Vous allez porter de la boue partout et salir le plancher de la chambre.

— En effet, oui, c'est une bonne idée. Nous n'y avions pas pensé, dirent les parents.

Ils revinrent auprès du fourneau et ôtèrent leurs sabots, mais cela ne demanda pas plus d'une minute. Marinette prononça encore le nom de l'oncle Alfred, mais si bas qu'ils ne l'entendirent même pas. Les petites virent leurs parents se diriger vers la chambre, et la peur leur glaça les joues, le nez, et jusqu'aux oreilles. Déjà, ils touchaient le bouton de la porte, lorsqu'ils entendirent un sanglot derrière eux. C'était Marinette qui ne pouvait plus retenir ses larmes, tant elle avait de frayeur et de remords aussi.

— Mais pourquoi pleures-tu ? demandèrent les parents. Est-ce que tu as mal ? Est-ce que le chat t'a griffée ? Voyons, dis-nous pourquoi tu pleures.

— C'est à cause de l'élé... A cause de l'élé..., bégaya Marinette, mais les sanglots l'empêchaient d'aller plus loin.

— C'est parce qu'elle voit que vous avez les pieds mouillés, se hâta de dire Delphine. Elle a sûrement peur que vous n'attrapiez un rhume. Elle pensait que vous alliez vous asseoir devant le fourneau pour sécher vos chaussons. Justement, elle avait préparé les chaises.

Les parents caressèrent les cheveux blonds de Marinette et lui dirent qu'ils étaient très contents d'avoir une si bonne fille, mais qu'elle n'avait pas à craindre de les voir s'enrhumer. Et ils promirent de venir se chauffer les pieds aussitôt qu'ils auraient changé d'habits.

— Il vaudrait peut-être mieux vous chauffer d'abord, insista Delphine. Un mauvais rhume est si vite attrapé...

— Peuh! nous en avons vu bien d'autres... Ce n'est pas la première fois que l'eau entre dans nos sabots et nous n'avons jamais eu un rhume.

— Ce que j'en dis est pour tranquilliser Marinette. Surtout qu'elle est un peu inquiète de la santé de l'oncle Alfred.

— Mais l'oncle Alfred va très bien!... Il ne s'est jamais aussi bien porté, rassurez-vous. Dans cinq minutes, vous aurez des détails. On vous racontera.

Delphine ne trouva plus rien à dire. En souriant à Marinette, les parents firent un pas vers la chambre, mais le chat, qui se trouvait caché sous le fourneau, mit sa queue dans le cendrier et l'agita si furieusement qu'en passant auprès de lui un nuage de fine cendre leur monta au nez et les fit éternuer à plusieurs reprises.

— Vous voyez bien, s'écrièrent les petites. Il n'y a pas une minute à perdre, il faut vous chauffer les pieds. Venez vite vous asseoir.

Un peu confus, ils durent avouer que Marinette

avait eu raison et allèrent s'asseoir sur les chaises. Les
pieds sur la plaque du fourneau, ils regardaient fumer
leurs chaussons et bâillèrent presque sans arrêt. Fati-
gués par la longue marche qu'ils venaient de faire sous
la pluie dans les chemins défoncés, ils semblaient
prêts à s'endormir, et les petites n'osaient plus respirer.

Tout à coup, ils sursautèrent. On entendait comme
le bruit d'un pas lourd ; la vaisselle en tremblait dans
le buffet.

— Ah ! ça... mais on marche dans la maison... On
dirait même...

— Ce n'est rien, dit Delphine. C'est le chat qui
court après les souris au grenier. Déjà, cet après-
midi, il a fait le même bruit.

— Ce n'est pas possible ! Tu t'es sûrement trompée. Comment veux-tu que le chat fasse trembler le buffet ? Tu t'es sûrement trompée.

— Mais non, c'est lui-même qui me l'a dit tout à l'heure.

— Ah ? Eh bien ! je n'aurais jamais cru qu'un chat pouvait faire autant de bruit. Mais puisqu'il te l'a dit, c'est bon.

Sous le fourneau, le chat se faisait tout petit. Le bruit avait cessé presque aussitôt, mais les parents n'avaient plus envie de dormir et, en attendant que leurs chaussons fussent tout à fait secs, ils commencèrent à raconter leur visite à l'oncle Alfred.

— L'oncle nous attendait sur le pas de la porte. En voyant le mauvais temps, il avait bien pensé que vous ne viendriez pas. Ah ! il a regretté de ne pas vous avoir, et il nous a chargés... Allons, bon, voilà que ça recommence ! Ma parole, les murs en sont ébranlés !

— Alors, l'oncle Alfred vous a dit quelque chose pour nous ?

— Oui, il nous a dit... Ah ! cette fois, vous ne me direz pas que c'est le chat. On croirait que la maison va s'écrouler !

Le chat se faisait de plus en plus petit sous le fourneau, mais il n'avait pas pensé que le bout de sa queue dépassait, il s'en avisa trop tard. Les parents l'aperçurent au moment précis où il cherchait à la ramener entre ses pattes.

— Maintenant, dirent-ils, vous ne pouvez plus accuser le chat, puisque le voilà sous le fourneau !

Ils se disposaient à quitter leurs chaises pour aller voir d'où provenait le bruit de ces pas énormes qui faisaient danser le fourneau. Alors, le chat sortit de sa cachette, s'étira des quatre pattes, comme s'il venait de s'éveiller, et déclara d'une voix furieuse :

— C'est tout de même malheureux qu'on ne puisse même plus dormir tranquillement ! Je ne sais pas ce qu'a le cheval depuis ce matin, mais à chaque instant, il donne des coups de pied dans le mur et dans les bat-flanc. J'avais cru qu'à la cuisine je n'entendrais plus tout ce vacarme, mais c'est encore pire qu'au grenier. Je me demande ce que peut bien avoir le cheval à s'agiter si fort.

— En effet, dirent les parents, il faut que cette bête soit malade ou qu'elle ait une contrariété. Nous irons voir tout à l'heure.

Pendant qu'ils parlaient du cheval, le chat regardait les petites en hochant la tête, comme pour leur dire que toutes ses paroles ne servaient à rien et qu'il valait mieux ne pas s'entêter. A quoi bon, en effet ? Elles n'empêcheraient pas les parents d'entrer dans la chambre. Cinq minutes plus tôt ou plus tard, cela ne faisait rien à l'affaire. Les petites étaient à peu près de l'avis du chat, mais elles pensaient que cinq minutes plus tard valaient mieux que cinq minutes plus tôt. Delphine toussa pour affermir sa voix et demanda encore :

— Vous étiez en train de nous dire que l'oncle Alfred vous avait chargés pour nous...

— Ah ! oui, l'oncle Alfred... Il a très bien compris qu'il ne faisait pas un temps à sortir des enfants. C'est qu'il pleuvait fort, vous savez, surtout quand nous sommes arrivés. C'était un vrai déluge... Heureusement, ça ne durera pas, on dirait déjà qu'il pleut moins, n'est-ce pas ?

Les parents jetèrent un coup d'œil par la fenêtre et poussèrent un cri d'étonnement à la vue du cheval qui se promenait dans la cour.

— Par exemple ! Voilà le cheval qui se promène ! Il a si bien fait qu'il a réussi à se détacher et qu'il

est venu prendre l'air dans la cour. Ma foi, c'est tant mieux pour lui. Il sera plus calme tout à l'heure, et au moins nous ne l'entendrons plus ruer dans l'écurie.

Au même instant, les pas se firent entendre de nouveau, mais encore plus lourds que les précédents. Les planchers craquaient, la maison gémissait du haut en bas. La table se dressa sur deux pieds et les parents se sentirent vaciller sur leurs chaises.

— Pour le coup, s'écrièrent-ils, ce ne peut être le cheval, puisqu'il est encore dans la cour ! N'est-ce pas, chat, ce ne peut être le cheval ?

— Bien sûr, répondit le chat, bien sûr... Il faut que ce soient les bœufs qui s'impatientent dans l'étable...

— Qu'est-ce que tu racontes, chat ? On n'a jamais vu des bœufs s'impatienter d'être au repos.

— Alors, c'est le mouton qui aura cherché querelle à la vache.

— Le mouton chercher une querelle ? Hum !... Nous sentons là-dessous... Hum ! Quelque chose qui n'est pas clair...

Les petites se mirent à trembler si fort que les deux

têtes blondes en étaient toutes secouées, ce qui fit croire aux parents qu'elles se défendaient de leur avoir désobéi. Ils se mirent à grommeler avec, peut-être, un reste de soupçon :

— Ah ! bon... Parce que si vous aviez laissé entrer quelqu'un dans la maison... Ah ! si vous aviez laissé entrer quelqu'un... Petites malheureuses ! Il vaudrait mieux pour vous... Il vaudrait mieux je ne sais pas quoi.

Delphine et Marinette n'osaient même pas regarder les parents qui fronçaient les sourcils avec un air terrible. Le chat lui-même était effrayé et ne savait plus quelle contenance prendre.

— Ce qui est certain, murmuraient les parents, c'est que ce bruit de pas semblait tout proche. Il ne venait sûrement pas de l'écurie... On aurait plutôt dit qu'on marchait dans la chambre à côté... oui, dans la chambre... D'ailleurs, nous allons bien voir.

Leurs chaussons étaient tout à fait secs. Sans quitter du regard la porte de la chambre, ils se levèrent de leurs chaises. Derrière eux, Delphine et Marinette s'étaient donné la main, et à mesure qu'ils avançaient, elles se serraient l'une contre l'autre. Le chat frottait son poil sur leurs mollets pour montrer qu'il restait un ami et les encourager un peu, mais c'était affreux quand même. Elles croyaient que leur cœur allait éclater. Les parents, l'oreille collée contre la porte, écoutaient d'un air méfiant. Enfin, la poignée tourna, la porte s'ouvrit en grinçant, et il y eut un instant de silence. Delphine et Marinette, qui tremblaient de tous leurs membres, jetèrent un coup d'œil vers la chambre. Alors, elles virent une petite poule blanche se glisser furtivement entre les jambes des parents et traverser sans bruit la cuisine pour aller se blottir sous l'horloge.

Le canard et la panthère

A plat ventre dans le pré, Delphine et Marinette étudiaient leur géographie dans le même livre, et il y avait un canard qui allongeait le cou entre leurs deux têtes pour regarder les cartes et les images. C'était un joli canard. Il avait la tête et le col bleus, le jabot couleur de rouille et les ailes rayées bleu et blanc. Comme il ne savait pas lire, les petites lui expliquaient les images et lui parlaient des pays dont le nom était marqué sur les cartes.

— Voilà la Chine, dit Marinette. C'est un pays où tout le monde a la tête jaune et les yeux bridés.

— Les canards aussi ? demanda le canard.

— Bien sûr. Le livre n'en parle pas, mais ça va de soi.

— Ah ! la géographie est quand même une belle chose... mais ce qui doit être plus beau encore, c'est de voyager. Moi, je me sens une envie de voyager, si vous saviez...

Marinette se mit à rire et Delphine dit :

— Mais, canard, tu es trop petit pour voyager.

— Je suis petit, c'est entendu, mais je suis malin.

— Et puis, si tu voyageais, tu serais obligé de nous

quitter. Est-ce que tu n'es pas heureux avec nous ?

— Oh ! si, répondit le canard. Il n'y a personne que j'aime autant que vous.

Il frotta sa tête contre celle des deux petites et reprit en baissant la voix :

— Par exemple, je n'en dirai pas autant de vos parents. Oh ! ne croyez-pas que je veuille en dire du mal. Je ne suis pas si mal élevé. Mais ce qui me fait peur, voyez-vous, ce sont leurs caprices. Tenez, je pense à ce pauvre vieux cheval.

Les petites levèrent la tête et, en soupirant, regardèrent le vieux cheval qui broutait au milieu du pré. La pauvre bête était vraiment bien vieille. Même de loin, on pouvait lui compter les côtes, et ses jambes étaient si faibles qu'elles le portaient à peine. En outre, comme il était borgne, il trébuchait souvent dans les mauvais chemins et ses deux genoux étaient largement couronnés. De son œil resté sain, il vit qu'on s'intéressait à lui et vint vers ses amis.

Vous étiez en train de parler de moi ?

— Oui, justement, répondit Delphine. On disait que depuis quelque temps tu avais bonne mine.

— Vous êtes bien gentils tous les trois, dit le vieux cheval, et je voudrais vous croire. Malheureusement, les maîtres ne sont pas de votre avis. Ils disent que je suis trop vieux et que je ne gagne même plus ma nourriture. Et c'est vrai que je suis vieux et fatigué. Il y a si longtemps que je sers... Pensez que je vous ai vues venir au monde, vous, les petites. Vous n'étiez pas plus grandes que vos poupées, je me rappelle. Dans ce temps-là, je vous montais les côtes sans seulement y faire attention, et à la charrue, je tirais comme une paire de bœufs, et toujours content... Maintenant, c'est le souffle qui manque, c'est les jambes qui se dérobent, et tout. Un vieux canasson, quoi, voilà ce que je suis.

— Mais non, protesta le canard. Tu te fais des idées, je t'assure.

— La preuve en est que ce matin, les maîtres voulaient me vendre à la boucherie. Si les petites ne m'avaient pas défendu en faisant le compte de tous les services que je peux rendre encore pendant la belle saison, mon affaire était claire.

« Du reste, ce n'est que partie remise. Ils ont décidé de me vendre au plus tard à la foire de septembre. »

— Je voudrais bien faire quelque chose pour toi, soupira le canard.

Dans ce moment-là, les parents arrivèrent sur le pré, et, surprenant le cheval en conversation, ils se mirent à crier :

— Voyez-moi cette vieille rosse qui fait son intéressant ! Ce n'est cependant pas pour bavarder qu'on t'a lâché dans le pré !

— Il n'est là que depuis cinq minutes, fit observer Delphine.

— Cinq minutes de trop, répliquèrent les parents. Il les aurait mieux employées à brouter une herbe qui ne coûte rien. Ce qu'il mange là est toujours autant qu'on ne prend pas au grenier. Mais cette sale bête n'en fait qu'à sa tête. Ah ! pourquoi ne pas l'avoir vendu ce matin ? Si c'était à refaire...

Le vieux cheval s'éloigna du plus vite qu'il put, en essayant de lever haut ses sabots, pour faire croire qu'il était encore plein de vigueur, mais ses jambes s'accordaient mal et il buta plusieurs fois. Heureusement, les parents ne faisaient plus attention à lui. Ils venaient de s'aviser de la présence du canard, qui suffit à les mettre de bonne humeur.

— Voilà un canard qui se porte joliment bien, dirent-ils. On voit qu'il n'a pas jeûné. Vraiment, il fait plaisir à regarder. Ça fait penser que l'oncle Alfred vient déjeuner dimanche...

Là-dessus, les parents quittèrent le pré en se parlant à l'oreille. Le canard ne comprenait pas bien le sens des paroles qu'il venait d'entendre, mais il se sentait mal à l'aise. Marinette le prit sur ses genoux et lui dit :

— Canard, tu parlais tout à l'heure d'aller en voyage...

— Oui, mais mon idée n'avait pas l'air de vous plaire, à Delphine et à toi.

— Mais si, au contraire ! s'écria Delphine. Et même, à ta place, je partirais dès demain matin.

— Demain matin ! mais voyons... voyons...

Le canard était tout agité à l'idée d'un départ aussi prompt. Il soulevait ses ailes, sautait sur le tablier de Marinette et ne savait plus où donner de la tête.

— Mais oui, dit encore Delphine, pourquoi tarder à partir ? Quand on fait des projets, il faut les réaliser sans attendre. Autrement, tu sais ce que c'est, on en parle, les choses traînent pendant des mois, et, un beau jour, on n'en parle plus.

— Ça, c'est bien vrai, dit le canard.

Décidé au voyage, il passa le reste de la journée en compagnie des deux petites à apprendre la géographie à fond. Les fleuves, les rivières, les villes, les océans, les montagnes, les routes, les chemins de fer il sut tout par cœur. En allant se coucher, il avait très mal à la tête et n'arrivait pas à trouver le sommeil. Au moment de s'endormir, il songeait : « L'Uruguay, capitale ?... Mon Dieu, j'ai oublié la capitale de l'Uruguay... » Heureusement, à partir de minuit, il eut un bon sommeil tranquille et la première heure du jour le trouva dispos.

Toutes les bêtes de la ferme étaient réunies dans la cour pour assister à son départ.

— Adieu, canard, et ne sois pas trop longtemps, disaient la poule, le cochon, le cheval, la vache, le mouton.

— Adieu et ne nous oublie pas, disaient le bœuf, le chat, le veau, le dindon.

— Bon voyage, disaient toutes les bêtes.

Et il y en avait plus d'une qui pleurait, par exemple le vieux cheval, en pensant qu'il ne reverrait plus son ami.

Le canard partit d'un bon pas sans se retourner et, comme la terre est ronde, il se retrouva au bout de trois mois à son point de départ. Mais il n'était pas seul. Qui l'accompagnait, il y avait une belle panthère à la robe jaune tachetée de noir et aux yeux dorés. Justement, Delphine et Marinette passaient dans la cour. A la vue du fauve, elles furent d'abord très effrayées, mais la présence du canard les rassura aussitôt.

— Bonjour, les petites ! cria le canard. J'ai fait un bien beau voyage, vous savez. Mais je vous raconterai plus tard. Vous voyez, je ne suis pas seul. Je rentre avec mon amie la panthère.

La panthère salua les deux petites et dit d'une voix aimable :

— Le canard m'a bien souvent parlé de vous. C'est comme si je vous connaissais déjà.

— Voilà ce qui s'est passé, expliqua le canard. En traversant les Indes, je me suis trouvé un soir en face de la panthère. Et figurez-vous qu'elle voulait me manger...

— C'est pourtant vrai, soupira la panthère en baissant la tête.

— Mais moi, je n'ai pas perdu mon sang-froid comme bien des canards auraient fait à ma place. Je lui ai dit : « Toi qui veux me manger, sais-tu seulement comment s'appelle ton pays ! » Naturellement, elle n'en savait rien. Alors, je lui ai appris qu'elle vivait aux Indes, dans la province du Bengale. Je lui ai dit les fleuves, les villes, les montagnes, je lui ai parlé d'autres pays... Elle voulait tout savoir, si bien que la nuit entière, je l'ai passée à répondre à ses questions. Au matin, nous étions déjà deux amis et depuis, nous ne nous sommes plus quittés d'un pas. Mais, par exemple, vous pouvez compter que je lui ai fait la morale sérieusement !

— J'en avais besoin, reconnut la panthère. Que voulez-vous, quand on ne sait pas la géographie...

— Et notre pays, comment le trouvez-vous ? demanda Marinette.

— Il est bien agréable, dit la panthère, je suis sûre que je m'y plairai. Ah ! j'étais pressée d'arriver, après tout ce que m'avait dit le canard des deux petites et de toutes les bêtes de la ferme... Et à propos, comment se porte notre bon vieux cheval ?

A cette question, les deux petites se mirent à renifler et Delphine raconta en pleurant :

— Nos parents n'ont même pas attendu la foire de septembre. A midi, ils ont décidé de le vendre, et demain matin, on vient le chercher pour la boucherie...

— Par exemple ! gronda la panthère.

— Marinette a pris la défense du cheval, moi aussi, mais rien n'y a fait. Ils nous ont grondées et privées de dessert pour une semaine.

— C'est trop fort ! Et où sont-ils, vos parents ?

— Dans la cuisine.

— Eh bien ! ils vont voir... mais surtout, n'ayez pas peur, petites.

La panthère allongea le cou et, la tête haute, la gueule grande ouverte, fit entendre un terrible miaulement. Le canard en était tout fier, et en regardant les petites, il ne pouvait pas s'empêcher de se rengorger. Cependant, les parents étaient sortis de la cuisine en toute hâte, mais ils n'eurent pas le temps de s'enquérir d'où venait le bruit. D'un seul bond, la panthère avait traversé la cour et retombait devant eux sur ses quatre pattes.

— Si vous bougez, dit-elle, je vous mets en pièces.

On peut croire que les parents n'en menaient pas large. Ils tremblaient de tous leurs membres et n'osaient pas seulement tourner la tête. Les yeux d'or de la panthère avaient un éclat féroce, ses babines retroussées laissaient voir de grands crocs pointus.

— Qu'est-ce qu'on vient de me dire ? gronda-t-elle. Que vous allez vendre votre vieux cheval à la boucherie ? Vous n'avez pas honte ? Une pauvre bête qui a passé toute sa vie à travailler pour vous ! Le voilà bien récompensé de ses peines ! Vraiment, je ne sais pas ce qui me retient de vous manger... au moins, on ne pourrait pas dire que vous avez travaillé pour moi...

Les parents claquaient des dents et commençaient à se demander si cette idée de sacrifier le vieux cheval n'était pas bien cruelle.

— C'est comme les deux petites, reprit la panthère. On m'apprend que vous les avez privées de dessert pour huit jours parce qu'elles ont pris la défense du cheval. Vous êtes donc des monstres ? Mais je vous préviens qu'avec moi, les choses vont changer et qu'il va falloir mener la maison d'un autre train. Pour commencer, je lève la punition des petites. Ma parole, il me semble que vous ronchonnez ? Vous n'êtes pas contents, peut-être ?

— Oh ! si... au contraire...

— Allons, tant mieux. Pour le vieux cheval, il n'est naturellement plus question de la boucherie. J'entends qu'on soit avec lui aux petits soins et qu'il finisse ses jours en paix.

La panthère parla encore des autres bêtes de la ferme et des moyens de leur rendre la vie plus douce. Le ton de ses paroles devenait moins sévère, comme si elle voulait faire oublier la mauvaise impression qu'avait pu laisser sa vivacité du premier moment. Les parents commençaient à reprendre un peu d'assurance, si bien qu'ils en vinrent à lui dire :

— En somme, vous vous installez à la maison. C'est très bien, mais avez-vous pensé à ce que sera notre existence s'il nous faut craindre à chaque instant d'être mangés ? Sans compter que nos bêtes seront bien exposées aussi. Vous comprenez, c'est bien joli d'empêcher les maîtres de tuer le cochon ou de saigner les volailles, mais on n'a jamais entendu dire que les panthères se nourrissaient de légumes...

— Je comprends que vous soyez inquiets, dit la panthère. Il est certain qu'au temps où je ne savais pas la géographie, tout ce qui tombait sous ma patte, homme ou bête, m'était bon à manger. Mais depuis ma rencontre avec le canard, il est là pour le dire, mon régime est celui des chats. Je ne mange plus que des souris, des rats, des mulots, et autres mauvaises espèces. Oh ! je ne dis pas que de temps en temps, je n'irai pas faire un tour dans la forêt, bien sûr. En tout cas, les bêtes de la ferme n'ont rien à redouter de moi.

Les parents s'habituèrent très vite à la présence de la panthère. Pourvu qu'ils ne punissent pas les petites trop fort et qu'ils ne fissent point de mal aux bêtes, elle se montrait toujours aimable avec eux. Même, certain dimanche où l'oncle Alfred vint à la maison, elle ferma les yeux sur la cuisson d'un poulet qu'on accommoda en sauce blanche. Il faut dire que ce poulet était une nature ingrate, n'ayant point d'autre souci que de tourmenter ses compagnons et de leur jouer quelque mauvais tour. Il ne fut regretté de personne.

D'autre part, la panthère rendait des services. Par exemple, on pouvait dormir sur ses deux oreilles, la maison était bien gardée. On en eut bientôt la preuve une nuit que le loup s'avisa de venir rôder autour de l'écurie. Le malheureux loup avait déjà réussi à entre-bâiller la porte et se pourléchait à l'idée du bon repas qu'il allait faire, lorsqu'il se trouva lui-même mangé sans avoir eu le temps d'y rien comprendre, et il n'en resta que les pattes de devant, une touffe de poils, et la pointe d'une oreille.

Elle était bien utile aussi pour les commissions. Avait-on besoin de sucre, de poivre, de clous de girofle, l'une des petites sautait sur le dos de la pan-thère qui l'emmenait à l'épicerie d'un galop rapide. Parfois, même, on l'envoyait seule et il n'aurait pas fait bon pour l'épicier de se tromper à son avantage en rendant la monnaie.

Depuis qu'elle s'était installée au foyer, la vie avait changé et personne ne s'en plaignait. Sans parler du vieux cheval qui ne s'était jamais vu à pareille fête, chacun se sentait plus heureux. Les bêtes vivaient en sécurité et les gens ne traînaient plus comme autrefois le remords de les manger. Les parents avaient perdu l'habitude de crier et de menacer, et le travail était devenu pour tout le monde un plaisir. Et puis, la panthère aimait beaucoup jouer, toujours prête à une partie de saute-mouton ou de chat perché. Les partenaires ne lui manquaient pas, car elle obligeait à jouer non seulement les animaux, mais aussi bien les parents. Les premières fois, ceux-ci s'exécutaient en ronchonnant.

— A-t-on idée, disaient-ils, à nos âges ! Qu'est-ce que penserait l'oncle Alfred, s'il nous voyait ?

Mais leur mauvaise humeur ne dura pas plus de trois jours et ils prirent tant de plaisir à jouer qu'ils en vinrent à ne plus pouvoir s'en passer. Dès qu'ils avaient un moment de loisir, ils criaient dans la cour : « Qui est-ce qui veut jouer à la courotte malade ? » Otant leurs sabots pour être plus vifs, ils se mettaient à poursuivre la vache ou le cochon, ou la panthère, et on les entendait rire depuis les premières maisons du village. C'est à peine si Delphine et Marinette trouvaient le temps d'apprendre leurs leçons et de faire leurs devoirs.

— Venez jouer, disaient les parents, vous ferez vos devoirs une autre fois !

Tous les soirs, après dîner, il y avait dans la cour

de grandes parties de barres. Les parents, les petites, la panthère, le canard, et toutes les bêtes de la basse-cour et de l'écurie, étaient divisés en deux camps. Jamais on n'avait tant ri à la ferme. Le cheval, trop vieux pour prendre part au jeu, se contentait d'y assister et ce n'était pas lui qui s'amusait le moins. En cas de dispute, il avait la charge de mettre d'accord les adversaires. Une fois, entre autres, le cochon accusa l'un des parents d'avoir triché et le cheval dut lui donner tort. Ce cochon n'était pas une mauvaise bête, au contraire, mais susceptible et, quand il avait perdu, facilement rageur. Il y eut à cause de lui plusieurs disputes très vives qui mirent la panthère de mauvaise humeur. Mais ces mauvais moments étaient en somme assez rares et vite oubliés. Pour peu qu'il y eût clair de lune, les parties de barres se prolongeaient tard dans la nuit, personne n'étant pressé d'en finir.

— Voyons, voyons, disait le canard qui avait un peu plus de raison que les autres, il faudrait tout de même penser à dormir...

— Encore un quart d'heure, suppliaient les parents. Canard, un quart d'heure...

D'autres fois, on jouait à la main chaude, au voleur, aux quatre coins, à la semelle. Les parents étaient toujours les plus enragés.

Pendant les repas, on ne s'ennuyait pas non plus. Le canard et la panthère parlaient de leur voyage, et ils avaient traversé des pays si curieux qu'on ne se fatiguait jamais de les écouter.

— Moi, qui ai visité la Russie en détail, commençait le canard, je peux vous dire la vérité sur le communisme. Il y a des gens qui racontent des choses sans y être jamais allés, mais moi, j'ai vu, vous comprenez. Eh bien ! la vérité, c'est que là-bas, les canards ne sont pas mieux traités qu'ailleurs...

Un matin de bonne heure, le cochon sortit faire une promenade. Il salua d'un ton aimable le vieux cheval qui était dans la cour, sourit à un poulet, mais passa devant la panthère sans lui adresser la parole. De son côté, elle le regarda s'en aller sans mot dire. La veille, ils avaient eu une dispute pendant la partie de barres. Le cochon s'était montré si insupportable qu'il avait indisposé tout le monde. Vexé, il était rentré chez lui en déclarant qu'il ne voulait plus jouer avec la panthère.

Et il avait ajouté : « J'aime bien jouer aux barres, mais s'il faut en passer par tous les caprices d'une étrangère, alors j'aime autant me coucher. »

La panthère quitta la ferme vers huit heures pour aller faire un tour en forêt, comme elle faisait presque chaque matin, et rentra vers onze heures. Elle semblait un peu lasse, la démarche alourdie, les paupières clignotantes. A une petite poule blanche qui lui en faisait la remarque, elle répondit qu'elle avait fourni une très longue course dans les bois. Sur cette parole, elle alla s'étendre dans la cuisine et s'endormit d'un sommeil pesant. De temps à autre, sans s'éveiller, elle poussait un soupir et passait sa langue sur ses babines.

A midi, au retour des champs, les parents se plaignirent de ce que le cochon ne fût pas encore rentré.

— C'est bien la première fois que pareille chose lui arrive. Il aura sans doute oublié l'heure.

Comme on lui demandait si elle ne l'avait pas rencontré dans la matinée, la panthère fit signe que non et détourna la tête. Pendant le repas, elle ne se mêla guère à la conversation.

L'après-midi se passa sans qu'on vît revenir le cochon. Les parents étaient très inquiets.

Le soir encore, point de cochon. Tout le monde était réuni dans la cour, mais il ne pouvait plus être question de jouer aux barres. Les parents commençaient à regarder la panthère d'un air soupçonneux. Couchée sur le ventre, la tête entre ses pattes, elle semblait indifférente à l'inquiétude de ses amis. Les petites et même le canard et le vieux cheval en étaient fâcheusement impressionnés. Après l'avoir examinée longtemps, les parents firent observer :

— Tu es plus grosse que d'habitude et ton ventre est lourd comme si tu avais trop mangé.

— C'est vrai, répondit la panthère. Ce sont ces deux marcassins dont j'ai déjeuné ce matin.

— Hum! le gibier était bien abondant, aujourd'hui. Sans compter que les sangliers n'ont pas l'habitude de rôder à la lisière des bois quand il fait jour. Il faut aller les chercher au fond de la forêt...

— Justement, dit la petite poule blanche qui avait assisté au retour de la panthère, c'est qu'elle est allée très loin dans les bois. Elle me l'a dit ce matin quand elle est rentrée.

— Impossible! s'écria un jeune veau qui suivait la discussion sans, d'ailleurs, en bien saisir la portée. Impossible, parce que moi, j'étais aux prés, et, dans le milieu de la matinée, je l'ai vue passer près de la rivière.

— Tiens, tiens... firent les parents.

Tout le monde regardait la panthère et attendait sa réponse avec anxiété. D'abord, elle resta interdite et finit par déclarer :

— Le veau s'est trompé, voilà tout. Je n'en suis du reste pas surprise. Il y a tout juste trois semaines qu'il est né. A cet âge-là, les veaux ont encore l'œil trouble. Mais, au fait, où voulez-vous en venir avec toutes vos questions ?

— Tu t'es querellée hier soir avec le cochon, et, pour te venger, tu l'auras dévoré dans un coin !

— Mais je ne suis pas seule à m'être querellée avec lui, riposta la panthère. Et s'il faut qu'il ait été mangé, pourquoi ne l'aurait-il pas été par vous, les parents ? A vous entendre, on croirait que vous n'avez jamais mangé de cochon ! Depuis que je suis ici, m'a-t-on déjà vue malmener une bête de la ferme ou la menacer ? Sans moi, combien de volailles seraient passées par la

94

casserole, combien d'animaux vendus au boucher? Et je ne parle ni du loup ni des deux renards que j'ai empêchés de saigner l'écurie et le poulailler...

Les bêtes firent entendre un murmure de confiance et de gratitude.

— Toujours est-il que le cochon est perdu, grommelèrent les parents. Souhaitons que la même chose n'arrive pas à d'autres.

— Ecoutez, dit le canard, il n'y a aucune raison de croire qu'il a été mangé. Il est peut-être simplement parti en voyage. Pourquoi pas? Moi aussi, j'ai quitté la ferme, un matin, sans vous avertir, et vous voyez, je suis là. Attendons. Je suis sûr qu'il nous reviendra...

Mais le cochon ne devait jamais revenir. Et nul non plus ne devait jamais savoir ce qui lui était arrivé. Qu'il fût parti en voyage, la chose paraît bien improbable. Il avait peu d'imagination et préférait à l'aventure une vie de repas bien réglés. Enfin, il ne savait pas un mot de géographie et ne s'en était même jamais soucié. Quant à croire que la panthère l'avait mangé, c'est une autre affaire. Le témoignage d'un veau de trois semaines est tout de même une chose bien fragile. D'autre part, il est permis de penser que des camps volants avaient emporté le cochon pour le faire cuire. Cela s'est vu.

En tout cas, le souvenir de cette malheureuse aventure n'empêcha pas la vie de reprendre à la ferme comme auparavant. Les parents eux-mêmes l'eurent bientôt oubliée. On se remit à jouer aux barres, et, il faut bien le dire, on jouait beaucoup mieux depuis que le cochon n'était plus là.

Delphine et Marinette ne passèrent jamais d'aussi belles vacances que cette année-là. Montées sur le dos de la panthère, elles faisaient de longues promenades à travers les bois et la plaine. On emmenait presque toujours le canard qui se mettait à cheval sur le cou de la monture. En deux mois, les petites connurent tout le pays à fond, à trente kilomètres à la ronde. La panthère allait comme le vent et les mauvais chemins ne l'arrêtaient pas.

Passé le temps des vacances, il y eut encore quelques beaux jours, mais il ne tarda pas à pleuvoir, et, en novembre, la pluie devint froide. Des rafales de vent faisaient tomber les dernières feuilles mortes. La panthère avait moins d'entrain et se sentait tout engourdie. Elle ne sortait pas volontiers et il fallait la prier pour qu'elle vînt jouer dans la cour. Le matin, elle allait encore chasser dans la forêt, mais sans y prendre grand plaisir. Le reste du temps, elle ne quittait guère la cuisine et se tenait auprès du fourneau. Le canard ne manquait jamais de venir passer quelques heures avec elle. La panthère se plaignait de la saison.

— Comme la plaine est triste, et les bois, et tout ! Dans mon pays, quand il pleut, on voit pousser les arbres, les feuilles, tout devient plus vert. Ici, la pluie est froide, tout est triste, tout est sale.

— Tu t'y habitueras, disait le canard. Et la pluie ne durera pas toujours. Bientôt il y aura de la neige... tu ne diras plus que la plaine est sale... La neige, c'est un duvet blanc, fin comme un duvet de canard et qui recouvre tout.

— Je voudrais bien voir ça, soupirait la panthère.

Chaque matin, elle allait à la fenêtre jeter un coup d'œil sur la campagne. Mais l'hiver semblait décidément à la pluie, tout demeurait sombre.

— La neige ne viendra donc jamais ? demandait-elle aux petites.

— Elle ne tardera plus beaucoup. Le temps peut changer d'un jour à l'autre.

Delphine et Marinette surveillait le ciel avec anxiété. Depuis que la panthère languissait au coin du feu, la maison était devenue triste. On ne pensait plus aux jeux. Les parents recommençaient à gronder et se parlaient à l'oreille, en regardant les bêtes avec un mauvais regard.

Un matin, la panthère s'éveilla plus frileuse qu'à l'ordinaire et alla à la fenêtre, comme elle faisait maintenant chaque jour. Dehors, tout était blanc, la cour, le jardin, la plaine jusqu'au loin, et il tombait de gros flocons de neige. De joie, la panthère se mit à miauler et sortit dans la cour. Ses pattes s'enfon-

çaient sans bruit dans la couche moelleuse, et le duvet qui neigeait sur sa robe était si fin qu'elle en sentait à peine la caresse. Il lui semblait retrouver la grande lumière des matins d'été; et, en même temps, sa vigueur d'autrefois. Elle se mit à courir sur les prés, à danser et à sauter, jouant des deux pattes avec les flocons blancs. Parfois, elle s'arrêtait, se roulait dans la neige et repartait de toute sa vitesse. Après deux

heures de course et de jeux, elle s'arrêta pour reprendre
haleine et se mit à frissonner. Inquiète, elle chercha
des yeux sa maison et s'aperçut qu'elle en était très
loin. Il ne neigeait plus, mais un vent âpre commençait à souffler. Avant de rentrer, la panthère s'accorda
un moment de repos et s'allongea dans la neige.
Jamais elle n'avait connu de lit aussi doux, mais
quand elle voulut se relever, ses pattes étaient engour-
dies et un tremblement agitait son corps. La maison
lui parut si loin, le vent qui courait sur la plaine
était si pénétrant, que le courage lui manqua pour
reprendre sa course.

A midi, ne la voyant pas rentrer, les petites partirent à sa recherche avec le canard et le vieux cheval.

Par endroits, les traces de pattes sur la neige étaient
déjà effacées, et ils ne furent auprès d'elle que vers le
milieu de l'après-midi. La panthère grelottait, ses membres étaient déjà raides.

— J'ai bien froid dans mon poil, souffla-t-elle en
voyant arriver ses amis.

Le vieux cheval essaya de la réchauffer avec son
haleine, mais il était trop tard pour qu'on pût rien
faire d'utile. Elle lécha les mains des petites et fit
entendre un miaulement plus doux que le miaulement
d'un chat. Le canard l'entendit murmurer :

— Le cochon... le cochon...

Et la panthère ferma ses yeux d'or.

Le mauvais jars

Delphine et Marinette jouaient à la paume dans un pré fauché, et il arriva un grand jars aux plumes blanches, qui se mit à souffler dans son grand bec. Il avait l'air en colère, mais les petites n'y firent pas attention. Elles s'envoyaient la balle et avaient assez à faire de la suivre des yeux pour ne pas la manquer. « Tch... tch... », faisait le jars dans son bec, et il soufflait de plus en plus fort, vexé qu'on ne prît même pas garde qu'il était là. Et les petites criaient avant de faire les gestes : « la tape devant », ou bien « génuflexion », ou encore « double virette ». C'est en faisant double virette que Delphine reçut la balle sur le nez. Elle resta d'abord interdite, frottant son nez pour s'assurer que la balle n'en avait rien ôté, pius elle se mit à rire, et Marinette partit à son tour d'un si grand éclat de rire que ses cheveux blonds étaient tout ébouriffés. Alors, le jars crut qu'elles se moquaient de lui. Son grand cou tendu en avant, l'aile battante et les plumes dressées, il vint à elles d'un air furieux.

— Je vous défends de rester dans mon pré, dit-il.

Il s'était arrêté entre les deux petites et les regar-

dait l'une après l'autre de son petit œil méfiant et
coléreux. Delphine devint sérieuse, mais Marinette, à
voir ce lourdaud se dandiner sur ses pieds palmés, rit
encore plus haut.

— C'est trop fort, s'écria le jars, je vous répète...

— Tu nous ennuies, coupa Marinette. Va-t'en
retrouver tes oisons, et laisse-nous jouer tranquilles.

— Mes oisons, je les attends justement, et je ne
veux pas qu'ils se trouvent en compagnie de deux
gamines mal élevées. Allons, décampez.

— Ce n'est pas vrai, protesta Delphine. On n'est pas
mal élevées.

— Laisse-le donc grogner, dit Marinette. C'est un
gros plumeau qui dit des bêtises. D'abord, pourquoi
parle-t-il de son pré ? comme si lui, le jars, il pouvait
avoir un pré ! Tiens, lance-moi la balle... double
virette...

Elle se mit à tourner et son tablier à carreaux
bleus fit un joli rond sur ses genoux. Delphine fit un
geste pour lancer la balle.

— Ah ! c'est comme ça ! dit le jars.

Il prit son élan, courut droit à Marinette, et ouvrant
son grand bec, lui saisit un mollet qu'il serra de toutes
ses forces. Marinette avait très mal, et très peur aussi,
parce qu'elle croyait qu'il allait la manger. Mais elle

102

avait beau crier et se débattre, il ne la pinçait que plus fort. Delphine arriva en courant et essaya de le faire lâcher prise. Elle lui donnait des claques sur la tête, le tirait par les ailes et par les pattes, ce qui le rendait plus furieux encore. Enfin, il abandonna le mollet de Marinette, mais ce fut pour saisir celui de Delphine,

si bien que les petites pleuraient toutes les deux. Dans un pré voisin, il y avait un âne gris qui tendait le cou par-dessus la clôture et faisait bouger ses oreilles. C'était un très bon âne, doux et patient, comme ils sont presque tous. Il aimait bien les enfants, surtout les petites filles, et quand elles riaient de ses oreilles, il ne se fâchait jamais, quoiqu'il eût un peu de peine ; au contraire, il les regardait avec de bons yeux et faisait semblant de sourire, comme si, lui aussi, il se fût amusé d'avoir des oreilles aussi longues et aussi pointues. Par-dessus la clôture, il avait tout vu, tout entendu, et il était indigné de l'arrogance et de la méchanceté du jars. Tandis que les petites se débattaient, il leur cria de loin :

— Prenez-le par la tête, à deux mains, et faites-lui faire un tourniquet !... Ah ! là là, s'il n'y avait pas cette clôture... Par la tête, je vous dis !

Mais les petites avaient perdu tout sang-froid et ne comprenaient rien aux conseils qu'il leur donnait.

Pourtant, elles sentaient au son de sa voix que l'âne était un ami, et aussitôt qu'elles purent s'échapper, ce fut auprès de lui qu'elles coururent se réfugier. Le jars ne les poursuivit pas, il se contenta de leur crier :

— Et je confisque la balle, pour vous apprendre à me respecter !

En effet, il prit la balle dans son bec et se mit à tourner en rond au milieu du pré, en se rengorgeant tellement qu'il était tout en jabot et que sa tête se trouvait renversée entre ses deux ailes. A la fin, c'était agaçant. L'âne, qui était pourtant patient, ne put se tenir de lui crier :

— Voyez donc ce gros niais qui se pavane avec une balle au bec ! Il a bon air, ma foi... Ah ! tu n'étais pas si fier, il y a un mois, quand la maîtresse t'arrachait ton duvet pour faire un oreiller !

De colère et d'humiliation, le jars manqua s'étrangler avec la balle. Les paroles de l'âne lui gâtaient la joie du triomphe, car elles lui rappelaient que son supplice n'allait pas tarder à recommencer : deux fois l'an, la fermière lui arrachait son plus fin duvet, et il avait alors le cou si dénudé que les poulets feignaient de le prendre pour le dindon.

Cependant, il cessait de tourner en rond pour aller

à la rencontre de sa famille qui entrait dans le pré. Il y avait une demi-douzaine d'oisons sous la conduite de leur mère oie. Ces oisons n'étaient pas de mauvaises bêtes, il n'y avait rien à leur reprocher. Un peu sérieux pour leur âge, mais ce n'est pas un défaut, et ils avaient des plumes jaunes et grises, légères comme une mousse. Pour la mère oie, c'était une assez bonne personne. Même, elle paraissait gênée des grands airs que prenait le jars, et à tout instant le poussait de l'aile en disant :

— Voyons, mon ami, voyons... voyons...

Mais le jars faisait semblant de ne pas entendre ses remontrances. Il tenait toujours la balle dans son bec et menait le troupeau vers le milieu du pré.

Enfin, il s'arrêta et, posant la balle, dit à ses oisons :

— Voilà un jouet que j'ai confisqué à deux méchantes gamines qui venaient me manquer de respect dans mon pré. Je vous le donne. Amusez-vous gentiment en attendant l'heure d'aller à l'étang.

Les oisons s'approchèrent de la balle, mais sans entrain, ne comprenant pas comment ils pouvaient s'en amuser. Croyant que c'était un œuf, ils s'en écartèrent presque aussitôt d'un air ennuyé. Le jars se montra très mécontent :

— Je n'ai jamais vu d'oisons aussi sots, gronda-t-il. C'est tout de même malheureux, on s'ingénie à leur trouver des distractions, et voilà comment on en est récompensé. Mais je vais vous apprendre à jouer à la balle, moi, et il faudra bien que vous vous amusiez !

— Voyons, mon ami, voyons..., protesta la mère l'oie.

— Ah ! tu les soutiens ? eh bien ! tu joueras à la balle aussi !

Comme on voit, le jars n'était guère plus aimable avec les personnes de sa famille qu'avec les étrangers. Pendant qu'il enseignait le jeu de la balle à l'oie et à ses oisons, les petites arrivaient auprès de l'âne et se glissaient sous la clôture. Le jars les avait mordues si fort qu'elles marchaient en tirant la jambe, mais elles ne pleuraient plus, sauf que Marinette reniflait encore un peu.

— Croyez-vous, dit l'âne, quelle sale bête ! J'en suis encore dans tous mes états... Moi qui serais si content de voir des petites filles jouer autour de moi... Ah ! le grossier personnage !... Mais, dites-moi, est-ce qu'il vous a fait bien mal ?

Marinette lui montra une marque rouge qu'elle avait sur la jambe gauche. Delphine avait la même sur la jambe droite.

— Ah ! oui, il nous a fait mal. C'est comme une brûlure.

Alors l'âne baissa la tête, souffla sur les jambes, et les petites n'eurent presque plus mal. C'est parce qu'il était bon. En le remerciant, elles lui caressèrent l'encolure avec amitié. L'âne était content.

— Vous pouvez toucher mes oreilles aussi, leur dit-il. Je vois bien que vous en avez envie.

Elles lui caressèrent aussi les oreilles, un peu étonnées que le poil y fût aussi doux.

— Elles sont longues, n'est-ce pas ? dit-il en baissant la voix.

— Oh ! un peu, répondit Marinette, mais pas tellement, tu sais... en tout cas, elles te vont très bien.

— Si elles n'étaient pas aussi longues, ajouta Delphine, il me semble que je t'aimerais moins...

— Vous croyez? Allons, tant mieux. Pourtant...

L'âne hésita, puis, craignant d'importuner les petites avec ses oreilles, il se décida à parler d'autre chose.

— Tout à l'heure, quand le jars vous mordait, vous ne m'avez pas compris. Je vous criais de le prendre par la tête et de lui faire faire un bon tourniquet. Oui, il fallait le saisir à deux mains et faire deux ou trois tours sur vous-même en le tenant à bout de bras. C'est le

meilleur moyen de le mettre à la raison. Quand il se retrouve sur ses pieds, il ne sait plus où il en est, il a le vertige et c'est à peine s'il tient debout. Il en garde un si mauvais souvenir qu'il ne mord plus jamais la personne qui lui a donné une pareille leçon.

— C'est bien joli, dit Marinette, mais il faut d'abord lui attraper la tête et risquer de se faire mordre la main...

— C'est vrai que vous êtes des petites filles. Quand même, à votre place, j'essaierais.

Mais les petites secouaient la tête, elles disaient que le jars leur faisait trop peur. Tout à coup, l'âne se mit à rire et s'en excusa en leur montrant le jars, dans son pré, qui jouait à la balle avec sa famille. Il faisait son important, bousculait l'oie, grondait les oisons de leur maladresse, et bien qu'il fût le plus maladroit de la bande, disait à chaque instant : « Regardez comme je fais... prenez modèle sur moi. » Bien entendu, il n'était pas question de lancer la balle, il fallait se contenter de la pousser du pied. Delphine, Marinette et l'âne riaient très fort et ne laissaient pas passer une occasion de crier : « Il l'a manquée !... » Le jars ne voulait pas convenir de sa maladresse et faisait semblant de n'entendre ni les rires, ni les moqueries. Comme il venait de rattraper la balle après l'avoir manquée dix fois, il crut tout oser, et dit à ses oisons :

— Maintenant, je vais vous montrer à faire double virette... Toi, la mère l'oie, tu vas me jeter la balle... Regardez-moi bien.

Il recula de quelques pas en face de la mère l'oie déjà prête à pousser la balle d'un coup de patte. Il s'assura que tous les regards étaient fixés sur lui, renfla un peu son jabot, et cria :

— Nous y sommes ?... double virette !

Tandis que la mère l'oie poussait la balle, il se mit à tourner sur place comme il avait vu faire aux deux petites. D'abord, il tourna lentement, mais comme l'âne lui criait d'aller plus vite, il se lança si bien qu'il fit trois tours sans pouvoir s'arrêter. Le pauvre gars, à moitié étourdi, se mit à dodeliner de la tête, fit quelques pas en titubant, tomba sur le côté droit, tomba sur le côté gauche, et resta un moment allongé par terre, le col affaissé et l'œil à l'envers. L'âne riait

si fort qu'il se roulait dans l'herbe, les quatre fers en l'air. Les petites n'étaient pas moins gaies et les oisons eux-mêmes, malgré tout le respect qu'ils devaient à leur père, ne pouvaient pas s'empêcher de pouffer dans leur jabot. Il n'y avait que la mère l'oie qui n'eût pas envie de rire. Elle se penchait sur le jars, et à mi-voix, le pressait de se relever.

— Voyons, mon ami, disait-elle, voyons... ce n'est pas convenable... on nous regarde.

Il réussit à se remettre d'aplomb, mais il avait encore mal à la tête et resta une minute sans voix. Aussitôt qu'il put ouvrir le bec, ce fut pour se défendre d'avoir été maladroit.

Cependant, Marinette lui réclamait sa balle.

— Tu vois bien que ce n'est pas un jeu pour les oies, lui dit-elle.

— Et encore moins pour les jars, dit l'âne, on l'a bien vu tout à l'heure, et tu t'es rendu assez ridicule. Allons, rends la balle.

— J'ai dit que je la confisquais, riposta le jars. Il n'y a pas à y revenir.

— Je savais déjà que tu étais un brutal et un menteur. Vraiment, il ne te manquait plus que d'être un voleur.

— Je n'ai rien volé, tout ce qui est dans mon pré m'appartient. Et puis, laisse-moi tranquille. Je n'ai pas de leçon à recevoir d'une bourrique.

A ce dernier mot, l'âne baissa la tête et n'osa plus rien dire. Il avait autant de honte que de chagrin et, regardant les petites à la dérobée, ne savait pas quelle contenance prendre. Mais Delphine et Marinette n'y prenaient pas garde, très ennuyées elles-mêmes d'avoir perdu leur balle.

Elles prièrent encore une fois le jars de la leur rendre, mais il n'écouta même pas. Il se préparait à partir pour l'étang avec sa famille, et il donnait l'ordre à la mère l'oie de prendre la balle dans son bec. Comme l'étang se trouvait derrière les prés, à la lisière du bois, il défila avec les oisons devant la clôture où se tenaient les petites et leur ami l'âne. A ce moment-là, un oison qui aimait s'instruire montra la balle que portait sa mère et demanda quelle espèce d'oiseau l'avait pondue. Ses frères se mirent à rire et le jars lui dit sévèrement :

Il avait fait exprès de parler très haut en jetant un regard de côté. L'âne en reçut un coup au cœur.

Voyant les petites sur le point de pleurer et entendant Marinette qui reniflait déjà, il essaya d'oublier son chagrin pour les consoler.

— Votre balle n'est pas perdue. Savez-vous ce que vous allez faire ? Tout à l'heure quand le jars sera dans l'eau, vous irez à l'étang. Il aura sûrement laissé la balle sur le bord et vous n'aurez qu'à la reprendre. Je vous dirai quand ce sera le moment de partir. En attendant, nous allons causer un peu. Justement, je voudrais vous dire...

L'âne poussa un soupir et toussa pour s'éclaircir la voix. Il paraissait embarrassé.

110

— Eh bien ! voilà, dit-il. Tout à l'heure, le jars m'a traité de bourrique... Oh ! je sais bien que c'est un de mes noms, mais il l'a dit d'une certaine façon. Et après, quand il est passé devant nous et qu'il a dit à l'un des oisons : « Vous êtes un âne », comme pour le traiter d'imbécile, vous vous rappelez ? Je voudrais savoir pourquoi, en parlant d'un idiot, l'on dit toujours : « C'est un âne. »

Les petites ne purent s'empêcher de rougir, car c'était là une injure qu'elles employaient assez souvent.

— Tenez, reprit l'âne, je me suis laissé dire qu'à l'école, quand un enfant ne comprend rien aux leçons, le maître l'envoie au coin avec un bonnet d'âne sur la tête ! Comme s'il n'y avait rien au monde qui soit plus stupide qu'un âne ! Vous conviendrez que c'est ennuyeux pour moi.

— Je crois qu'en effet on n'est pas très juste, répondit Delphine.

— Vous ne pensez pas que je sois plus bête que le jars ? demanda-t-il.

— Mais non... mais non...

Elles protestaient sans conviction, trop habituées à entendre parler de sa bêtise pour en douter sérieusement. Il comprit qu'il ne réussirait pas à les convaincre de l'injustice dont il était victime. Elles ne le croiraient jamais sans preuves.

— Allons, tant pis, soupira-t-il, tant pis... mes petites, je crois que le moment est venu pour vous d'aller à l'étang. Bonne chance ! Et si vous n'avez pas réussi, faites-le-moi savoir.

En arrivant à l'étang, les petites renoncèrent à l'espoir de reprendre leur balle. Le jars n'était décidément pas aussi sot que l'âne le donnait à entendre, car il avait eu la précaution de la prendre avec lui au milieu de l'étang. Elle flottait à côté des oisons qui s'en amusaient beaucoup mieux qu'ils ne l'avaient fait tout à l'heure dans l'herbe. Ils jouaient à qui l'attraperait le premier, la cachaient sous leurs ailes, et dans un autre moment, les petites eussent pris plaisir à regarder leurs ébats. Le jars n'était plus ce lourdaud qui s'était rendu ridicule dans le pré. Il nageait avec aisance et ne manquait ni de grâce ni de fierté. Il paraissait transformé, et les petites, malgré toute leur rancune, ne pouvaient se défendre de l'admirer. Par

contre, il n'avait rien perdu de sa méchanceté, et il leur cria en montrant la balle :

— Ah ! ah ! Vous aviez cru que je l'aurais laissée sur la rive, n'est-ce pas ? Je ne suis pas si bête ! Je l'ai mise à l'abri et vous ne la tenez pas encore !

Ce qu'il ne disait pas, c'est qu'en arrivant à l'étang, il était si dégoûté de la balle qu'il l'avait jetée à l'eau, pensant qu'elle dût aller au fond comme un simple caillou. Il avait été le premier surpris de la voir flotter, mais devant les petites, il était trop orgueilleux pour convenir de son étonnement. Delphine essaya encore une fois de le fléchir, et lui parla poliment :

— Allons, jars, sois raisonnable, rends-nous la balle... nos parents vont nous gronder.

— S'ils vous grondent, ce sera bien fait. Vous

112

apprendrez ce qu'il en coûte de venir faire les têtes folles dans mon pré. Si je les rencontrais, vos parents, je leur dirais qu'ils élèvent bien mal leurs filles. Je voudrais voir quel accueil ils feraient à mes oisons, s'ils s'avisaient d'aller jouer chez eux sans leur permission. Heureusement, les chers petits savent se conduire, et c'est à moi qu'ils le doivent.

— Tais-toi donc, tu ne sais dire que des âneries, lui jeta Marinette en haussant les épaules.

Aussitôt, elle se mordit les lèvres et regretta cette parole désobligeante pour l'âne.

— Des âneries ? s'écria le jars. Insolentes ! Je vais vous arranger les mollets, moi ! Laissez-moi seulement sortir de l'eau.

Il nageait déjà vers la rive, et les petites, qui portaient encore sur les jambes la trace de son bec se sauvèrent en courant.

— Ah ! vous faites bien de vous sauver, dit le jars, j'allais vous mordre jusqu'au sang ! Et quant à la balle, n'espérez pas la revoir jamais. J'ai pensé pour elle à une fameuse cachette ! Bien fin qui saura la trouver.

Les petites rentrèrent chez elles sans oser passer auprès de l'âne, car Marinette songeait avec remords au mot malheureux qui venait de lui échapper. D'ailleurs, le temps avait brusquement changé et il faisait très froid. Le ciel était sans nuages, il soufflait du nord un vent glacial qui pinçait les jambes. Delphine et Marinette s'attendaient à être grondées, mais les parents ne prirent pas garde qu'elles rentraient sans leur balle.

— On n'a jamais vu un froid pareil à cette saison, disait le père. Je suis sûr que cette nuit il va geler à pierre fendre.

— Heureusement, disait la mère, ces froids-là ne dureront pas. Il est trop tôt.

En quittant l'étang, le jars et sa famille repassèrent devant la clôture de l'âne. La mère l'oie portait dans son bec la balle des petites, et les oisons se plaignaient à leur père qu'il fît un peu frais.

— Ah ! ah ! je vois qu'on n'a pas voulu rendre la balle ! dit l'âne. Mais j'espère que ce sera pour demain.

— Ni pour demain ni pour après-demain, riposta le jars. Je la garde et je vais, de ce pas, la mettre en lieu sûr, dans une cachette de ma façon.

— Les cachettes d'un jars, ça ne doit pas valoir grand-chose.

— En tout cas, ce n'est pas un bourricot de ton espèce qui saura trouver la mienne !

— Peuh ! répondit l'âne, je ne prendrai même pas la peine de chercher... je saurai bien te faire rendre la balle sans me déranger !

— Je serais curieux de voir ça, ricana le jars.

Il s'éloigna pour rejoindre sa famille, mais après quelques pas, il se ravisa et dit méchamment :

— Ces deux gamines sont décidément bien insupportables. Tout à l'heure, je les ai entendues répondre à une personne qui parlait à tort et à travers : « Tais-toi, tu dis des âneries. » Oui, voilà ce qu'elles ont répondu.

— Et la personne qui parlait à tort et à travers, c'était sûrement toi...

Le jars partit sans répondre, mais on voyait bien qu'il était dépité. L'âne, demeuré seul, pensa longtemps à la réponse des petites.

Tout à coup, il se mit à rire tout seul à cause d'une

idée qui lui venait du bout de ses oreilles mordues par le froid.

Le lendemain matin, il gagna son pré de bonne heure. Il faisait un très grand froid, comme on n'en avait pas vu depuis longtemps. L'âne se posta au bord de la clôture, en dansant sur ses quatre pattes pour se réchauffer. Il aperçut les petites qui allaient à l'école et les appela. S'étant assurées que le jars n'était pas dans son pré, elles vinrent lui dire bonjour.

— Est-ce que vos parents vous ont grondées, petites ? leur demanda-t-il.

— Non, dit Marinette, ils ne se sont pas encore aperçus que la balle était perdue.

— Eh bien ! soyez tranquilles, petites. Je puis vous assurer que, demain soir, elle vous sera rendue.

Il n'y avait pas cinq minutes que les petites étaient parties quand il vit arriver le jars marchant en tête de sa tribu. L'âne salua toute la famille et demanda à la mère l'oie où ils allaient de si bonne heure.

— Nous allons à l'étang pour la baignade du matin, répondit-elle.

— Ma chère bonne oie, dit l'âne, j'en suis bien fâché, mais j'ai décidé que vous ne prendriez pas de bain ce matin.

Le jars se mit à rire et dit avec un air de pitié :

— Et tu as cru qu'il te suffisait de décider pour que j'obéisse ?

— Je ne sais pas quelles sont tes dispositions, mais il faudra bien m'obéir, car j'ai fait boucher l'étang pendant la nuit, et je ne le déboucherai pas avant que tu aies rendu la balle des petites.

Le jars pensa que l'âne avait perdu la tête et dit à ses oisons :

— Allons, en route pour le bain. Je ne vois pas

pourquoi je consens à écouter les discours de cette bourrique.

Lorsqu'ils furent en vue de l'étang, les oisons poussèrent des cris de joie en disant que la surface de l'eau n'avait jamais été aussi polie et aussi brillante. Le jars n'avait jamais vu de glace et n'en avait même pas entendu parler, car l'hiver précédent avait été si tiède qu'il n'avait gelé nulle part. Il lui sembla aussi que l'eau était plus belle qu'à l'ordinaire, et cela le mit de bonne humeur.

— Voilà qui nous promet un bain agréable, dit-il.

Comme toujours, il descendit le premier dans l'étang et poussa un cri d'étonnement. Au lieu de s'enfoncer dans l'eau, il continuait à marcher sur une surface dure comme de la pierre. Derrière lui, la mère et les oisons étaient muets de stupéfaction.

— Est-ce qu'il aurait vraiment bouché l'étang? grommelait le jars. Mais non, ce n'est pas possible... nous allons trouver l'eau un peu plus loin.

Ils traversèrent l'étang plusieurs fois, et partout ils trouvèrent sous leurs pieds cette même surface de métal froid.

— C'est pourtant vrai qu'il a bouché notre étang, convint le jars.

— Quel ennui! dit la mère l'oie. Une journée sans bain est une triste journée, surtout pour les enfants. Tu devrais bien rendre la balle...

— Laisse-moi tranquille, je sais ce que j'ai à faire. Et surtout, silence sur cette aventure... qu'on n'aille pas apprendre que je suis tombé sous la coupe d'une bourrique.

La tribu rentra à la basse-cour se cacher dans un coin. Pour passer devant la clôture, elle fit un large détour, mais l'âne cria:

— Est-ce que tu rends la balle? Est-ce que je dois déboucher l'étang?

Le jars ne répondit pas, trop orgueilleux pour céder du premier coup. Toute la matinée, il fut d'une humeur massacrante et ne toucha pas à sa pâtée. Vers le commencement de l'après-midi, il se demanda s'il était possible que l'âne eût bouché l'étang et s'il n'avait pas rêvé. Après bien des hésitations, il se décida à y aller voir. Il lui fallut constater qu'il n'avait pas rêvé. L'étang était solidement bouché. A l'aller et au retour, l'âne lui demanda encore s'il était prêt à rendre la balle:

— Prends garde qu'il ne soit trop tard quand tu t'y décideras!

Mais le jars passa la tête haute. Enfin, le lendemain matin, ne voulant pas engager lui-même les pourparlers, il envoya la mère l'oie auprès de l'âne. Delphine et Marinette se trouvaient justement là. Il faisait moins froid que la veille et la glace fondait déjà sur l'étang.

— Ma chère bonne oie, déclara l'âne (et il faisait semblant d'être en colère), je ne veux rien entendre avant d'avoir la balle. Vous pouvez aller le dire à votre époux. J'en suis ennuyé pour vous qui êtes bonne personne, mais ce jars est un entêté qui fait le malheur de sa famille.

La mère l'oie repartit à grands pas, et les petites, qui avaient eu de la peine à cacher leur envie de rire, purent s'amuser à leur aise.

— Pourvu que le jars n'aille pas faire un tour à l'étang avant de se décider, dit Delphine. Il verrait bien que le couvercle est en train de fondre.

— Ne craignez rien, dit l'âne, vous allez le voir arriver avec la balle.

En effet, le jars ne tarda pas à arriver à la tête de son troupeau. Il tenait la balle dans son bec et la jeta d'un geste rageur de l'autre côté de la clôture. Marinette la ramassa, et le jars se disposait à gagner l'étang, mais l'âne le rappela d'un ton sec :

— Ce n'est pas tout, lui dit-il. Maintenant, il s'agit de faire des excuses à ces deux petites que tu as mordues l'autre jour.

— Oh ! mais non, ce n'est pas la peine, protestèrent les petites.

Si, j'exige des excuses. Je ne déboucherai pas avant qu'il vous ait demandé pardon

— Moi, faire des excuses ? s'écria le jars. Ah ! jamais ! j'aimerais mieux me passer de bains toute ma vie !

Il rebroussa chemin aussitôt avec toute sa famille et regagna la cour de la ferme où il essaya d'oublier l'étang en pataugeant dans une flaque d'eau boueuse. Il tint bon pendant toute une semaine, et lorsqu'il se résigna aux excuses, il y avait six jours que la glace était fondue sur l'étang ; il faisait si chaud qu'on se serait cru au printemps.

— Je vous demande pardon de vous avoir mordu les jambes, prononça le jars que la colère faisait bégayer. Je fais le serment de ne pas recommencer.

— Voilà qui est bien, dit l'âne, je débouche l'étang. Allez vous baigner.

Ce jour-là, le jars fit durer la baignade longtemps. Lorsqu'il fut de retour à la ferme, le bruit de sa mésaventure commençait à se répandre et il lui fallut subir les railleries de toutes les bêtes. Chacun s'émerveillait que le jars pût être sot et l'âne aussi malin. Aussi n'est-il plus question, depuis ce jour-là, de la bêtise de l'âne ; et l'on dit, au contraire, d'un homme à qui l'on veut faire compliment de son intelligence qu'il est fin comme un âne.

L'âne et le cheval

Delphine et Marinette se couchèrent chacune dans son lit, mais comme il faisait un grand clair de lune qui entrait jusque dans leur chambre, elles ne s'endormirent pas tout de suite.

— Tu ne sais pas ce que je voudrais être ? dit Marinette qui était un peu plus blonde que sa sœur. Un cheval. Oui, j'aimerais bien être un cheval. J'aurais quatre bons sabots, une crinière, une queue en crins, et je courrais plus fort que personne. Naturellement, je serais un cheval blanc.

— Moi, dit Delphine, je n'en demande pas tant. Je me contenterais d'être un âne gris avec une tache blanche sur la tête. J'aurais quatre sabots aussi, j'aurais deux grandes oreilles que je ferais bouger pour m'amuser et surtout, j'aurais des yeux doux.

Elles causèrent encore un moment et le sommeil les surprit comme elles exprimaient une dernière fois le désir, Marinette d'être un cheval, Delphine un âne gris avec une tache blanche sur la tête. La lune se coucha environ une heure plus tard. Suivit une nuit noire et épaisse comme jamais pareille. Plusieurs personnes du village dirent le lendemain qu'elles

121

avaient entendu dans ces ténèbres un bruit de chaînes, en même temps qu'une petite musique de poche et aussi le sifflement de la tempête, quoique le vent ne se fût levé à aucun moment. Le chat de la maison, qui était sans doute averti de bien des choses, passa plusieurs fois sous les fenêtres des petites et le rappela du plus fort qu'il put, mais leur sommeil était si profond qu'elles ne l'entendirent pas. Il envoya le chien qui ne réussit pas mieux.

De grand matin, Marinette entrouvrit les yeux et il lui sembla qu'entre ses cils elle apercevait dans le lit de sa sœur deux grandes oreilles poilues qui bougeaient sur l'oreiller. Elle-même se sentait assez mal couchée, comme embarrassée de sa personne, empêtrée dans les draps et les couvertures. Néanmoins, le sommeil l'emporta sur la curiosité, et ses paupières se refermèrent. Delphine, tout ensommeillée elle aussi, jeta sur le lit de sa sœur un coup d'œil rapide. Elle le trouva bien volumineux, étrangement balonné, et se rendormit néanmoins. Un instant plus tard, elles s'éveillaient pour de bon et louchaient sur le bas de leurs figures qui leur paraissaient s'être allongées et avoir changé d'aspect.

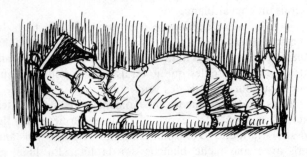

En tournant la tête vers le lit de Marinette, Delphine poussa un cri. Au lieu de la tête blonde qu'elle croyait voir sur l'oreiller, il y avait une tête de cheval.

De son côté, Marinette ne fut pas moins surprise d'avoir une face d'âne en vis-à-vis et poussa également un cri. Les deux pauvres sœurs, roulant de gros yeux, tendaient le cou hors de leurs lits pour se regarder de plus près et avaient peine à comprendre ce qui leur était arrivé. Chacune se demandait où avait bien pu passer sa sœur et pourquoi une bête avait pris place dans son lit. Marinette avait presque envie d'en rire, mais s'étant elle-même examinée, elle vit son poitrail, ses membres poilus munis de sabots et comprit que les vœux de la veille s'étaient réalisés. Delphine regardait aussi son poil gris, ses sabots, l'ombre de ses longues oreilles sur le drap blanc, et la vérité lui apparut. Elle poussa un soupir qui fit un grand bruit en passant sur ses lèvres molles.

— C'est toi Marinette ? demanda-t-elle à sa sœur avec une voix tremblante qu'elle ne reconnaissait plus.

— Oui, répondit Marinette. C'est toi, Delphine ?

Non sans peine, elles descendirent de leurs lits et se mirent sur leurs quatre pattes. Delphine, devenue un bel ânon, était beaucoup plus petite que sa sœur, un solide percheron qui la dépassait d'une bonne encolure.

— Tu as un beau poil, dit-elle à sa sœur, et si tu voyais ta crinière, je crois que tu serais contente...

Mais le pauvre grand cheval ne pensait pas à courir.

Il regardait sa robe de petite fille, posée sur une chaise au chevet du lit, et à l'idée qu'il n'entrerait peut-être plus jamais dedans, il était malheureux et il tremblait des quatre membres. L'âne gris faisait de son mieux pour le rassurer et, voyant que toutes ses paroles ne pouvaient rien, il lui caressait l'encolure avec ses grandes oreilles douces. Quand la mère entra dans la chambre, ils étaient serrés l'un contre l'autre, le cheval baissant la tête sur celle de l'ânon et ni l'un ni l'autre n'osèrent lever les yeux. Elle trouva singulière l'idée de ses filles d'avoir introduit dans leur chambre ces deux animaux qui n'appartenaient même pas à leurs parents et se déclara très mécontente.

— Au fait, où sont donc mes deux têtes folles ? Il faut qu'elles se soient cachées dans la chambre, puisque leurs habits sont restés sur les chaises. Allons, sortez de vos cachettes ! Je ne suis pas d'humeur à jouer...

Ne voyant rien venir, la mère alla tâter les deux lits et, comme elle se penchait pour regarder dessous, elle entendit murmurer :

— Maman... maman...

— Oui, oui, je vous entends... Allons, montrez-vous. J'ai à vous dire que je ne suis pas contente du tout...

— Maman... maman... entendit-elle de nouveau.

Et c'était de pauvres voix rauques qu'elle avait peine à reconnaître. Ne trouvant pas ses filles dans la chambre, elle se retourna pour les interroger, mais le triste regard que l'âne et le cheval fixaient sur elle, la laissa d'abord interdite. Ce fut l'âne qui parla le premier.

— Maman, dit-il, ne cherche ni Marinette ni Delphine... Vois-tu ce grand cheval ? C'est lui qui est Marinette et c'est moi qui suis Delphine.

124

— Qu'est-ce que vous me chantez ? Je vois bien que vous n'êtes pas mes filles !

— Si, maman, dit Marinette, nous sommes tes deux filles...

La pauvre mère finit par reconnaître les voix de Marinette et Delphine. Appuyant leurs deux têtes sur ses épaules, elles pleurèrent longtemps avec elle.

— Restez là un moment, leur dit-elle, je vais chercher votre père.

Le père vint à son tour et, quand il eut bien pleuré, il réfléchit à la nouvelle vie qu'imposait à ses filles leur changement d'état. D'abord, il ne pouvait plus être question pour elles de loger dans leur chambre, qui se trouvait trop étroite pour ces grandes bêtes. Le mieux qu'on eût à faire était de les installer à l'écurie avec une litière fraîche et un râtelier bien garni de foin. Le père, marchant derrière elles, les suivit dans la cour et, regardant le cheval, murmura distraitement :

— C'est tout de même une belle bête.

Quand il faisait beau, l'âne et le cheval ne restaient guère à l'écurie et s'en allaient par les prés où ils passaient le temps à brouter et à parler des deux petites filles qu'ils étaient autrefois.

— Tu te rappelles, disait le cheval, un jour qu'on était dans ce pré-là, il est venu un jars qui nous a pris notre balle...

— Et il nous a mordu les mollets...

Et les deux animaux finissaient par fondre en larmes. Aux heures des repas, quand les parents mangeaient, ils venaient s'asseoir dans la cuisine, à côté du chien, et suivaient tous leurs gestes d'un tendre regard. Mais après quelques jours, on leur fit entendre qu'ils étaient trop gros, trop encombrants et que leur place n'était plus à la cuisine. Il leur fallut se contenter de passer leurs têtes par la fenêtre en restant dans la cour.

Les parents avaient toujours un grand chagrin de l'aventure survenue à Delphine et Marinette, mais au bout d'un mois ils n'y pensaient plus autant et s'habituaient très bien à la vue de l'âne et du cheval. Pour tout dire, ils les traitaient avec moins d'attention. Par exemple, la mère ne prenait plus le soin, comme aux premiers jours, de nouer la crinière du cheval avec le ruban qui servait à Marinette, ni d'attacher un bracelet-montre à la jambe de l'âne. Et, un jour qu'il déjeunait de mauvaise humeur, le père, avisant les deux animaux qui passaient leurs têtes par l'entrebâillement de la fenêtre, leur cria :

— Allons, ôtez-vous de là, tous les deux ! Ce n'est pas l'affaire des bêtes d'avoir toujours un œil dans la cuisine... Aussi bien, qu'est-ce que vous faites de traîner dans la cour à n'importe quel moment de la journée, et de quoi la maison a-t-elle l'air ? Hier, je vous ai vus dans le jardin, c'est encore bien plus fort ! Mais j'entends qu'à partir de maintenant vous vous teniez dans le pré ou à l'écurie.

Ils s'éloignèrent la tête basse, plus malheureux qu'ils n'avaient jamais été. De ce jour, ils prirent bien garde à ne pas se trouver sur le chemin du père et ne le virent plus guère qu'à l'écurie, où il venait faire la litière. Les parents leur paraissaient plus redoutables qu'autrefois, et ils se sentaient toujours coupables d'ils ne savaient quelle faute.

Un dimanche après-midi qu'ils broutaient dans le pré, ils virent arriver leur oncle Alfred. Du plus loin, il cria aux parents :

— Bonjour ! C'est moi, l'oncle Alfred ! Je suis venu vous dire bonjour et embrasser les deux petites... Mais je ne les vois pas ?

— Vous n'avez pas de chance, répondirent les

parents. Elles sont justement chez leur tante Jeanne !

L'âne et le cheval avaient bien envie de dire à l'oncle Alfred que les petites n'avaient pas quitté la maison et qu'elles étaient devenues les deux malheureuses bêtes qu'il avait sous les yeux. Il n'aurait su rien changer à leur état, mais il pouvait encore pleurer avec elles, et c'était quelque chose. Ils n'osèrent parler, craignant d'irriter les parents.

— Ma foi, dit l'oncle Alfred, j'aurai regret de n'avoir pas vu mes deux blondes... Mais dites-moi, vous avez un beau cheval et un bel âne. Je ne les avais jamais vus et vous ne m'en avez pas parlé dans votre dernière lettre.

— Il n'y a pas un mois qu'ils sont à l'écurie.

L'oncle Alfred, caressant les deux bêtes, fut tout surpris de la douceur de leurs regards et de l'empressement qu'elles mettaient à tendre le col aux caresses. Il le fut bien davantage quand le cheval ploya les genoux devant lui et dit :

Montez donc sur mon dos et je vous conduirai jusqu'à la cuisine

— Vous devez être bien fatigué, oncle Alfred. Montez donc sur mon dos et je vous conduirai jusqu'à la cuisine.

— Donnez-moi votre parapluie, dit l'âne, ce n'est pas la peine de vous en embarrasser. Accrochez-le plutôt à l'une de mes oreilles.

— Vous êtes bien aimables, répondit l'oncle, mais il y a si peu de chemin que ça ne vaut pas de vous déranger.

— Vous nous auriez fait plaisir, soupira l'ânon.

— Voyons, coupèrent les parents, laissez votre oncle tranquille et allez-vous-en au fond du pré. Votre oncle vous a assez vus.

Cette façon de dire « votre oncle » en parlant de lui à un âne et à un cheval étonna un peu le visiteur. Mais comme il se sentait de l'amitié pour les deux bêtes, il n'en fut pas du tout choqué. En s'éloignant vers la maison, il se retourna plusieurs fois pour leur faire signe avec son parapluie.

Bientôt, la nourriture devint moins abondante. La provision de foin avait beaucoup diminué et on la ménageait pour les bœufs et les vaches qui méritaient, soit par leur travail, soit par la qualité de leur lait, des soins particuliers. Pour l'avoine, il y avait beau temps que l'âne et le cheval n'en voyaient plus. On ne les laissait même plus aller dans les prés, car il fallait laisser pousser l'herbe en prévision de la récolte de foin. Ils ne trouvaient plus à brouter qu'aux fossés et aux talus des chemins.

Les parents n'étant pas assez riches pour nourrir tous ces animaux prirent le parti de vendre les bœufs et de faire travailler l'âne et le cheval. Un matin, donc, le cheval fut attelé à la voiture par le père, tandis que la mère emmenait au marché de la ville l'âne chargé de deux sacs de légumes. Le premier jour, les parents montrèrent beaucoup de patience. Le lendemain, ils se bornèrent à leur adresser des observations. Puis ils leur firent de violents reproches, s'emportant jusqu'aux injures. Le cheval en était si effrayé qu'il perdait la direction, ne sachant plus ni hue ni dia. Alors le père tirait si rudement sur les guides qu'il lui échappait un hennissement de douleur, à cause du mors qui lui blessait cruellement les lèvres.

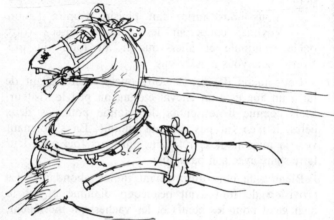

Un jour que l'attelage était dans une montée très rude, le cheval, essoufflé, allait avec peine et s'arrêtait à chaque instant. Il avait un lourd fardeau à tirer et n'était pas encore entraîné à fournir un pareil effort. Assis sur la voiture et les rênes en mains, le père s'impatientait de sa lenteur et des arrêts trop fréquents qui rendaient les reprises laborieuses. D'abord, il s'était contenté de l'encourager par des claquements de langue. N'ayant pas satisfaction, il se prit à jurer et il lui échappa de dire qu'il n'avait jamais vu d'aussi méchante carne. De saisissement, le cheval s'arrêta court et les jambes lui mollirent.

— Allons, hue ! cria le père. Hue donc ! sale bête !
Attends voir, je vais te faire avancer !

Furieux, il le menaça de son fouet à plusieurs reprises et lui en cingla les flancs. Le cheval ne se plaignit
pas, mais il tourna la tête vers son père et le regarda
d'un air si triste que le fouet lui échappa des mains
et qu'il rougit jusqu'aux oreilles. Sautant à bas de la
voiture, il alla se jeter au cou de son cheval et lui
demanda pardon de s'être laissé aller à une si grande
dureté.

— J'oubliais ce que tu es encore pour moi. Vois-tu,
il me semblait n'avoir plus affaire qu'à un simple cheval.

Quand même, dit l'animal. Oui, quand même c'eût
été un simple cheval, il ne fallait pas lui donner du
fouet aussi fort.

Le père promit qu'à l'avenir il saurait se garder
d'être aussi emporté, et il est vrai qu'il resta longtemps
sans plus se servir de son fouet. Mais un jour que
l'heure le pressait, il n'y tint plus et lui en donna un
coup sur les jambes.

L'habitude fut bientôt prise et il se mit à cingler
sa bête presque sans y penser. Quand il lui venait
l'ombre d'un remords, il disait en haussant les épaules :

— On a un cheval ou on n'en a pas. Il faut pourtant bien arriver à se faire obéir.

La situation de l'âne n'était guère plus enviable.
Chaque matin, portant une lourde charge sur son dos,

il s'en allait au marché de la ville, et par tous les temps. Quand il pleuvait, sa mère ouvrait son parapluie, mais ne se souciait pas s'il avait le poil mouillé.

— Autrefois, disait-il, du temps où j'étais une petite fille, tu ne m'aurais pas laissé mouiller ainsi.

— S'il fallait prendre avec les ânes toutes les précautions qu'on prend avec des enfants, répondait la mère, tu ne servirais pas à grand-chose, et je ne sais pas trop ce que nous ferions de toi.

Pas plus que le cheval, il n'échappait à être battu. Comme il arrive aux ânes, il était parfois très entêté. A certains carrefours, il s'arrêtait brusquement sans qu'on sût pourquoi et refusait d'avancer. La mère essayait d'en venir à bout par la douceur.

— Voyons, disait-elle en le caressant, sois raisonnable, ma petite Delphine. Tu as toujours été une bonne fille, une enfant obéissante...

— Il n'y a plus de petite Delphine, répliquait-il sans se fâcher. Il n'y a rien qu'un âne qui ne veut pas bouger de place.

— Allons, ne fais pas ta mauvaise tête, tu sais bien que ce n'est pas ton intérêt. Je vais compter jusqu'à dix. Réfléchis.

— C'est tout réfléchi !

— Un, deux, trois, quatre...

— Je ne bougerai pas d'un pas.

— ... Cinq, six, sept...

— On me couperait plutôt les oreilles.

— ... Huit, neuf, dix ! Tu l'auras voulu, sale bête !

Et il recevait sur l'échine une volée de coups de bâton qui finissait toujours par le décider. Mais le plus pénible, dans la nouvelle vie de l'âne et du cheval, c'était la séparation. A l'école ou à la maison, Delphine et Marinette ne s'étaient jamais quittées d'une heure. Ane et Cheval, ils travaillaient chacun de son

132

côté et, le soir, à l'écurie, se retrouvaient si harassés qu'à peine, avant de s'endormir, avaient-ils le temps d'échanger quelques plaintes sur la dureté de leurs maîtres. Aussi attendaient-ils avec impatience le repos du dimanche. Ce jour-là, ils n'avaient rien à faire et passaient le temps ensemble au-dehors ou à l'écurie. Ils avaient obtenu des parents de pouvoir jouer avec leur poupée qu'il tenait couchée dans la mangeoire sur un lit de paille. N'ayant pas de mains pour la saisir, ils ne pouvaient ni la bercer, ni l'habiller, ni la peigner, ni rien lui donner des soins qu'exige d'habitude une poupée. Le jeu consistait surtout à la regarder et à lui parler.

C'est moi ta maman !

— C'est moi ta maman Marinette, disait le grand cheval. Ah ! je vois bien que tu me trouves un peu changée.

— C'est moi ta maman Delphine, disait l'ânon. Il ne faut pas trop faire attention à mes oreilles.

L'après-midi, ils allaient brouter au long des chemins et parlaient longuement de leurs misères. Le cheval, qui était d'humeur plus vive que son compagnon, prononçait contre les maîtres des paroles de colère.

— Ce qui m'étonne, disait-il, c'est que les autres bêtes acceptent d'être menées aussi durement. C'est bon pour nous qui sommes de la maison ! Je sais bien que s'ils n'étaient pas mes parents, je me serais déjà sauvé depuis longtemps.

En disant cela, le grand cheval ne pouvait pas s'empêcher de sangloter et l'ânon reniflait de toutes ses forces.

Un dimanche matin, les parents firent entrer dans l'écurie un homme qui avait une grosse voix et qui portait une blouse bleue. Il s'arrêta derrière le cheval et dit aux parents qui le suivaient :

— Voilà ma bête. C'est bien elle que j'ai trotter l'autre jour sur la route. Oh ! j'ai bonne mémoire, et quand une fois j'ai aperçu un cheval, je le reconnaîtrais entre mille. Il faut dire aussi que c'est mon métier.

Il se mit à rire et ajouta en donnant au cheval une claque d'amitié :

— Il n'est pas plus vilain qu'un autre. Je dirai même qu'il est assez à mon goût.

— On vous l'a montré pour vous faire plaisir, dirent les parents. Pour le reste, n'y comptez pas.

— On dit toujours ça, fit l'homme, et après on change d'avis.

Cependant, il tournait autour du cheval, l'examinait de tout près, lui palpait le ventre et les membres.

— Vous n'avez pas bientôt fini ? lui dit le cheval. Je n'aime pas beaucoup ces façons-là, moi !

L'homme ne fit qu'en rire et, lui retroussant les lèvres, se mit à examiner ses dents. Après quoi, il se tourna vers les parents :

— Et si je mettais deux cents avec ? leur dit-il.

— Non, non, firent les parents en secouant la tête ; ni deux cents, ni trois cents... Ce n'est pas la peine !

— Et si j'en mettais cinq ?

Les parents tardèrent un peu à répondre. Ils étaient devenus tout rouges et n'osaient pas le regarder.

— Non, murmura la mère et si bas qu'on l'entendit à peine. Oh ! non.

— Et si j'en mettais mille ? s'écria l'homme à la blouse, et il avait une grosse voix d'ogre qui commençait à effrayer le cheval et l'ânon. Hein ? si j'en mettais mille de plus ?

Le père voulut répondre quelque chose, mais sa voix s'embarrassa, il se mit à tousser et fit signe à l'homme qu'ils seraient plus à l'aise de causer dehors. Ils sortirent dans la cour et furent bientôt d'accord.

— Entendu pour le prix, dit l'homme. Mais, avant d'acheter, je veux le voir marcher et courir devant moi.

Le chat qui sommeillait sur la margelle du puits n'eut pas plus tôt entendu ces paroles qu'il courut à l'écurie et dit à l'oreille du cheval :

— Quand les maîtres te feront sortir dans la cour, tu feras bien de boiter d'une patte aussi longtemps que l'homme te regardera.

Le cheval entendit l'avis et en passant le seuil de l'écurie, il fit semblant d'avoir très mal à la jambe et se mit à boiter.

— Tiens, tiens, tiens ! dit l'homme aux parents. Vous ne m'aviez pas dit qu'il avait mal à la jambe. Voilà qui change bien les choses.

— Ce ne peut être qu'un caprice, affirmèrent les parents. Ce matin encore, il était sain des quatre pattes.

Mais l'homme ne voulut rien entendre et partit sans plus regarder le cheval. Les parents remirent la bête à l'écurie non sans mauvaise humeur.

— Tu l'as fait exprès ! gronda le père. Ah ! la maudite carne, je suis sûr qu'il l'a fait exprès !

— Maudite carne ? fit l'ânon. Je pense que voilà une façon agréable d'appeler la plus jeune de ses filles, et qui fait honneur à des parents !

— Je n'ai pas à prendre l'avis d'une bourrique, répliqua le père. Mais, pour une fois et parce que c'est dimanche, je veux bien me donner la peine de répondre à tes insolences. A t'entendre, on dirait vraiment que nous sommes les parents d'un cheval et d'un âne. Si vous avez pu croire que nous acceptions un mensonge aussi sot, détrompez-vous. Je vous demande un peu quelle personne raisonnable entendrait raconter sans hausser les épaules, que deux petites filles se sont changées, l'une en cheval et l'autre en ânon ? La vérité, c'est que vous êtes deux animaux, et rien de plus. Je ne peux même pas dire que vous soyez des animaux modèles, il s'en faut bien !

D'abord, l'ânon ne trouva rien à répliquer, tant il avait de chagrin de se voir ainsi renié par ses parents. Il alla frotter sa tête contre celle du cheval pour lui dire que si leurs parents l'oubliaient, il pouvait toujours compter sur son compagnon d'écurie.

— Avec mes quatre pattes et mes grandes oreilles, je reste ta sœur Delphine, ils auront beau dire !

— Maman, demanda le cheval, est-ce que toi aussi, tu crois que nous ne sommes pas tes filles ?

— Vous êtes deux bonnes bêtes, répondit la mère avec un peu d'embarras, mais je sais bien que vous ne pouvez être mes filles.

— Vous ne leur ressemblez en rien, affirma le père. Et puis, en voilà assez là-dessus ! Allons-nous-en, femme.

Les parents quittèrent l'écurie, mais pas si vite que l'ânon n'eût encore le temps de leur dire :

— Puisque vous êtes si sûrs que nous ne sommes pas vos filles, je vous trouve bien légers de n'être pas plus inquiets. Voilà de drôles de parents qui voient disparaître un matin leurs deux filles et qui ne s'en soucient pas davantage ! Les avez-vous seulement cherchées dans le puits, dans la mare, dans les bois ? Les avez-vous réclamées aux camps volants ?

Les parents ne répondirent pas, mais lorsqu'ils furent dans la cour, la mère dit en soupirant :

— Quand même... si c'étaient les deux petites !

— Mais non ! gronda le père. Qu'est-ce que tu racontes ! Il faut pourtant qu'on en finisse avec ces bêtises. On n'a jamais vu une enfant, ni même une grande personne, se changer en bourrique ou en n'importe quel animal. Dans les premiers temps, nous avons été assez simples pour croire tout ce que ces bêtes nous racontaient, mais nous serions ridicules de les croire encore !

Les parents feignirent de n'avoir plus le moindre doute sur toute cette affaire, et peut-être étaient-ils sincères. En tout cas, ils ne s'informèrent nulle part si l'on avait vu Delphine et Marinette et ne parlèrent

Il était un' bergère
Eh ! ron, ron, ron, petit patapon ;
Il était une bergère
Qui gardait ses moutons,
Ron, ron
Qui gardait ses moutons.

à personne de leur disparition. Quand on demandait des nouvelles des petites, ils répondaient qu'elles étaient chez leur tante Jeanne. Parfois, quand les parents se trouvaient dans l'écurie, l'âne et le cheval leur chantaient une petite chanson que le père avait apprise autrefois à ses deux enfants.

— Est-ce que tu ne reconnais pas la chanson que tu nous as apprise ? disaient-ils.

— Oui, répondait le père, je la reconnais, mais c'est une chanson qu'on peut apprendre partout.

Après plusieurs mois d'un dur travail, l'âne et le cheval avaient fini par oublier ce qu'ils avaient été autrefois. S'ils s'en souvenaient, par aventure, c'était comme d'un conte auquel ils ne croyaient plus qu'à demi. D'ailleurs, leurs souvenirs ne concordaient pas. Ils prétendaient tous les deux avoir été Marinette, et un jour qu'ils s'étaient querellés à ce propos, ils décidèrent de n'en parler jamais plus. Ils s'intéressaient chaque jour davantage à leur métier, à leur condition d'animaux domestiques et ils trouvaient naturel d'être roués de coups par les maîtres.

— Ce matin, disait le cheval, je me suis fait cingler les jambes, et je ne l'avais pas volé. Jamais je n'avais été aussi étourdi.

— Moi, disait l'ânon, c'est toujours la même chose. Je me suis fait rosser pour avoir été trop têtu. Il faudra pourtant que je me corrige.

139

Il ne jouaient plus à la poupée et n'auraient pas compris qu'on pût en faire un jeu. Maintenant, ils voyaient venir le dimanche presque sans plaisir. Les jours de repos leur paraissaient d'autant plus longs qu'ils n'avaient pas grand-chose à se dire. Leur meilleure distraction était de disputer s'il était plus harmonieux de braire ou de hennir. A la fin, ils en venaient aux injures et se traitaient de bourrique et de canasson.

Les parents étaient contents de leur cheval et de leur ânon. Ils disaient n'avoir jamais vu des bêtes aussi dociles et se félicitaient de leurs services. De fait, le travail de ces animaux les avait enrichis et ils s'étaient acheté chacun une paire de souliers.

Un matin de très bonne heure, le père entra dans l'écurie pour donner l'avoine à son cheval, et il fut bien étonné. Couchées sur la paille, à la place des deux animaux, il y avait deux petites filles, Delphine et Marinette. Le pauvre homme n'en pouvait croire ses yeux et pensait à son bon cheval qu'il ne verrait plus. Il alla informer la mère et revint avec elle à l'écurie pour prendre les deux petites et, tout endormies, les porter dans leurs lits.

Quand Delphine et Marinette s'éveillèrent, il était grand temps de partir pour l'école. Elles semblaient ahuries et ne savaient presque plus se servir de leurs mains. En classe, elles ne firent que des bêtises et répondirent de travers. La maîtresse déclara n'avoir jamais vu d'enfants aussi bêtes et leur mit à chacune dix mauvais points. Ce fut une triste journée pour elles. En voyant ces mauvaises notes, les parents, qui étaient d'une humeur de dogue, les mirent au pain sec et à l'eau.

Heureusement, les petites ne furent pas longues à reprendre leurs habitudes. Elles travaillèrent très bien en classe et ne rapportèrent que des bons points. A la maison, leur conduite n'était pas moins exemplaire, et, à moins d'être injuste, il n'y avait pas moyen de leur faire un reproche. Les parents étaient maintenant bien heureux d'avoir retrouvé les deux petites filles qu'ils aimaient si tendrement, car c'étaient, au fond, d'excellents parents.

Le mouton

Assises au bord de la route, les pieds pendants au revers du fossé, Delphine et Marinette caressaient un gros mouton que leur oncle Alfred, un jour qu'il était venu à la ferme, leur avait donné. Il posait sa tête tantôt sur les genoux de l'une, tantôt sur les genoux de l'autre et ils chantaient tous les trois une petite chanson qui commençait ainsi : « Y a un rosier dans mon jardin. »

Cependant, les parents vaquaient dans la cour au milieu des bêtes de la ferme et paraissaient fort mal disposés à l'égard du mouton. Ils le regardaient de travers et disaient entre leurs dents qu'il faisait perdre leur temps aux petites et qu'elles eussent été mieux à faire du ménage et à ourler des torchons qu'à jouer sans cesse avec cette sale bête.

— Si jamais quelqu'un nous débarrasse de ce gros frisé, il sera le bienvenu.

Il était midi moins vingt et la cheminée de la ferme fumait. Tandis que les parents marmonnaient ainsi, apparut au détour de la route un soldat qui s'en allait à la guerre, monté sur un fier cheval noir. Voyant qu'il y avait du monde pour le regarder passer, il voulut faire caracoler sa monture afin de paraître à son avantage, mais au lieu de lui obéir, le cheval noir s'arrêta pile et lui dit en tournant la tête :

— Qu'est-ce qui vous prend, vous, là-haut ? Vous trouvez sans doute que ce n'est pas assez d'aller par les chemins sous un soleil de plomb avec, sur mon dos, un ivrogne mal affermi ? Il vous faut encore des gambades ? Eh bien ! moi, je vous avertis...

— Attends un peu, maudite carne ! coupa le soldat. Je m'en vais t'arranger d'une façon à te remettre dans l'obéissance.

Aussitôt il enfonça ses éperons dans les flancs de l'animal et tira brutalement sur la bride. Le cheval se cabra, puis se mit à ruer si haut et si fort que le cavalier, passant par-dessus l'encolure, tomba à plat ventre au milieu de la route, dont il eut le menton et les mains écorchés et son bel uniforme tout souillé de poussière.

— Je vous avais prévenu, dit le cheval. Vous avez voulu que je caracole. Eh bien ! J'ai caracolé. Vous voilà content.

Le soldat, qui se dressait sur ses genoux, n'était pas d'humeur à entendre de tels propos. Mais, lorsqu'il vit s'approcher et faire le cercle autour de lui les parents, Delphine, Marinette, le mouton et toutes les bêtes de la ferme, l'humiliation le rendit furieux et, tirant alors son grand sabre, il voulut se jeter sur son cheval pour lui plonger la lame dans le poitrail. Par bonheur, les parents purent s'interposer à temps et le persuadèrent de renoncer à sa vengeance.

— Quand vous l'aurez tué, vous en serez bien avancé, dirent-ils. Au lieu de vous en aller tranquillement à la guerre au pas de votre monture, il vous faudra partir à pied et vous arriverez peut-être après la bataille. D'un autre côté, il est certain que cette bête-là vous a fort maltraité et qu'il vous sera désormais difficile de lui accorder votre confiance. Aussi bien, puisque vous voilà prêt à vous en séparer, pourquoi ne pas essayer d'en tirer parti ? Tenez, nous avons là un mulet qui ferait bien votre affaire. Pour vous rendre service, nous vous le céderons en échange de votre cheval.

— C'est une bonne idée, dit le soldat, et il rengaina son sabre.

Les parents poussèrent le cheval dans la cour et firent avancer leur mulet, ce que voyant, les petites protestèrent. Pour faire plaisir à un passant brutal, fallait-il qu'un vieil ami comme le mulet fût obligé de quitter la ferme ? Le mouton en avait des larmes dans les yeux et se lamentait sur le sort de ce malheureux compagnon.

— Silence donc ! commandèrent les parents avec des voix d'ogres et, comme le soldat tournait le dos, ils ajoutèrent à voix basse : Voulez-vous, par vos bavardages, nous faire manquer un marché aussi avantageux ? Si vous ne faites pas taire votre mouton sur-le-champ, il sera tondu à ras avant qu'il soit midi.

Le mulet, lui, ne protestait pas et, tandis qu'on lui passait la bride, il se contentait de cligner de l'œil à l'intention des petites. Lorsqu'il eut enfourché sa nouvelle monture, le soldat retroussa sa moustache et s'écria : « En route ! » Mais le mulet n'en bougea pas plus et ni les éperons, ni le mors, que son maître lui fit sentir cruellement, ne purent le faire avancer d'un pas. Les injures, les menaces, les coups, rien ne le décida.

— C'est bon, dit le cavalier, je vois ce qu'il me reste à faire.

Mettant pied à terre, il tira encore un coup son grand sabre qu'il se disposait à plonger dans le poitrail du mulet.

— Arrêtez, lui dirent les parents, et écoutez-nous plutôt. Certes, voilà une sotte bête de ne pas vouloir avancer, mais vous savez combien les mulets sont têtus. Un coup de sabre n'y changera rien. Tenez, nous avons là un âne qui ne craint pas la fatigue et qui ne coûte presque rien à nourrir. Prenez-le et rendez-nous notre mulet.

— C'est une bonne idée, dit le soldat, et il rengaina son sabre.

Le malheureux âne qu'on dévouait ainsi à la place du mulet n'avait à coup sûr aucune envie de quitter la ferme où il laissait nombre d'amis, entre lesquels Delphine, Marinette et leur mouton étaient justement les plus chers. Pourtant, il ne laissa rien voir de son émotion et s'avança vers son nouveau maître de l'air modeste et résigné qu'on lui avait toujours connu. Les petites en avaient le cœur serré, et, pour le mouton, il était secoué de gros sanglots.

— Monsieur le soldat, suppliait-il, soyez bon pour l'âne. Il est notre ami.

Tant qu'à la fin, les parents vinrent lui mettre le poing sous le nez en grondant :

— Sale bête de mouton, tu cherches à nous faire manquer une bonne affaire, mais va, tu te repentiras d'avoir été trop bavard.

Sans prendre garde à la prière du mouton, le soldat enfourchait déjà sa monture. Il n'eut d'ailleurs pas sitôt retroussé sa moustache et commandé « en route », que l'âne se mit à marcher à reculons et en zigzaguant de telle sorte qu'il menaçait à chaque pas de mettre son cavalier au fossé. Aussi le soldat ne fut-il pas long à descendre et, comprenant que l'animal se dérobait de mauvaise volonté :

— C'est bon, dit-il en grinçant des dents. Je vois ce qu'il me reste à faire.

Pour la troisième fois, il tira son grand sabre et assurément qu'il aurait percé l'âne d'outre en outre si les parents ne s'étaient suspendus l'un à son bras et l'autre à son habit.

— Il faut convenir que vous n'avez pas de chance avec vos montures, lui dirent-ils. A bien réfléchir, ce n'est du reste pas surprenant. Ane, mulet, cheval, c'est tout une même famille ou à peu près et nous aurions dû y songer. Mais pourquoi n'essaieriez-vous pas d'un mouton ? C'est un animal obéissant et qui offre plus d'un avantage. Si, en cours de route, vous avez besoin d'argent, rien n'est plus facile que de le faire tondre. Après avoir vendu sa laine un bon prix, il vous restera une bonne monture pour continuer votre voyage. Nous possédons justement un mouton pourvu d'une très belle toison. Voyez-le plutôt entre les deux petites. S'il vous plaît de le prendre en échange de votre âne, nous ne demandons qu'à vous être utiles.

— C'est une bonne idée, dit le soldat, et il rengaina son sabre.

Serrant le mouton dans leurs bras, Delphine et Marinette jetaient les hauts cris, mais les parents les eurent bientôt séparées de leur meilleur ami et réduites au silence. Le mouton regarda ses anciens maîtres avec un air de grande tristesse, mais ne fit point de reproche et s'avança vers le soldat. Celui-ci, montrant son grand sabre qu'il venait de remettre au fourreau, lui dit d'un ton menaçant :

— Avant tout, j'entends être obéi et respecté comme je le mérite. Sois sûr que si j'ai à me plaindre de toi, je te couperai d'abord la tête. Et point de rémission. Car si je me laissais aller à faire encore des échanges, je finirais par chevaucher quelque canard ou autre engeance de basse-cour.

— Ne craignez rien, répondit le mouton, je suis d'un naturel très doux. C'est sans doute que j'ai été élevé par deux petites filles. Je vous obéirai donc de mon mieux. Mais j'ai un bien grand chagrin de quitter mes deux amies. Monsieur, quand l'oncle Alfred m'a mis entre leurs mains, j'étais si petit qu'elles ont dû me donner le biberon pendant près d'un mois encore. Depuis, je n'ai jamais été séparé d'elles. Aussi, vous pouvez croire que je suis bien affligé et, de leur côté, les petites ne le sont guère moins. C'est pourquoi, si vous avez pitié de notre peine, vous m'accorderez un moment pour aller leur dire adieu et pleurer avec elles.

— Point de pitié pour les moutons ! cria le soldat. Comment ! voilà une bête qui ne fait que d'entrer dans mon service et qui voudrait déjà s'échapper ? Je ne sais pas ce qui me retient de lui ôter la tête d'un revers de sabre. On n'a jamais vu tant d'audace.

— N'en parlons plus, soupira le mouton. Je ne voulais pas vous fâcher.

Enfourchant sa nouvelle monture, ce qui ne lui

donna pas grand mal, le soldat s'aperçut que ses pieds traînaient par terre et eut alors l'idée de ficeler son grand sabre en travers des épaules du mouton pour servir de support à ses longues jambes et les faire pendre à bonne hauteur, de quoi il fut si content qu'il se mit à rire tout seul et si fort qu'il manqua plusieurs fois perdre l'équilibre. Pourtant, rien n'était plus triste que le spectacle de ce pauvre animal fléchissant sous le poids d'un lourd cavalier. Les petites en avaient autant d'indignation que de chagrin et il est sûr que si les parents ne les avaient pas retenues, elles s'opposaient au départ du mouton de toutes leurs forces et par tous les moyens, comme de jeter le soldat en bas de sa monture. Les bêtes de la ferme n'étaient pas moins indignées, mais les parents avaient une façon de les regarder ou de les interpeller qui leur ôtait l'envie d'intervenir. A un canard qui commençait à élever la voix, ils firent observer en fixant sur lui un regard cruel :

— Il y a en ce moment au jardin des navets superbes. De quoi faire une bien belle garniture. Oui, bien belle.

Le pauvre canard en fut si gêné tout d'un coup qu'il baissa la tête et s'alla cacher derrière le puits. Seul de tous les animaux, le cheval noir ne se laissa pas intimider et, marchant à son ancien maître, lui dit tranquillement :

— Vous ne prétendez tout de même pas courir les

chemins en pareil équipage ! Je vous avertis que vous feriez rire de vous, sans compter qu'une monture aussi frêle ne vous mènera pas bien loin. Allons, si vous êtes raisonnable, vous rendrez ce mouton aux deux petites qui pleurent de le voir partir et vous remonterez sur mon dos. Croyez-moi, vous y serez plus à l'aise et vous y aurez meilleure mine aussi.

Tenté, le soldat donna un coup d'œil aux larges flancs du cheval et parut se convaincre qu'on y était, en effet, plus à l'aise que sur le dos d'un mouton. Le voyant sur le point d'accepter, les parents ne craignirent pas de lui faire observer que le cheval noir leur appartenait.

— Nous n'avons pas du tout l'intention de nous en défaire. Vous comprenez, s'il fallait recommencer la série des échanges, nous n'en finirions pas.

— Vous avez raison, convint le soldat. Le temps passe et la guerre se fait sans moi. Ce n'est pas ainsi qu'on devient général.

Après avoir retroussé sa moustache, il mit son mouton au trot et, les jambes pendantes par-dessus son grand sabre, s'éloigna sans tourner la tête. Quand il eut disparu au tournant du chemin, toutes les bêtes de la ferme se mirent à soupirer de chagrin. Les parents en étaient gênés et leur gêne se changea en inquiétude lorsque Marinette dit à Delphine :

— Il me tarde que l'oncle Alfred vienne nous voir.

— Moi aussi, fit Delphine. Il faudra qu'il sache tout ce qui s'est passé.

Les parents regardaient leurs filles d'un air presque craintif. Un moment, ils se parlèrent à l'oreille et puis dirent tout haut :

— Nous n'avons rien à cacher à l'oncle Alfred. Du reste, quand il apprendra que nous avons été assez habiles pour échanger un simple mouton contre un

beau cheval noir, il sera le premier à nous compli-
menter.

Dans la cour de la ferme s'éleva, tant des bêtes que
des petites, comme un murmure de reproche auquel,
avisant l'âne, le mulet, le cochon, les poules, les
canards, le chat, les bœufs, les vaches, les veaux, les
dindons, les oies et tous autres qui les regardaient, ils
répondirent sévèrement :

— Allez-vous rester là jusqu'au soir à bayer et à
écarquiller les yeux, vous autres ? A vous voir ainsi,
on se croirait plutôt sur un champ de foire que dans
la cour d'une maison laborieuse. Allons, dispersez-vous
et que chacun soit où il doit être. Toi, cheval noir, tu
as désormais ta place à l'écurie. Sans plus tarder, nous
allons t'y conduire.

— Je vous suis bien obligé, riposta le cheval noir,
mais je n'ai nulle envie d'entrer dans votre écurie.
Si vous avez pu vous flatter de faire un marché avantageux, il est temps de revenir de votre erreur.
Sachez-le, je suis bien résolu à ne vous appartenir
jamais et, pour votre malheureux mouton, c'est comme
si vous l'aviez échangé contre du vent. Il ne vous reste
à sa place que le remords d'avoir été injustes et cruels.

— Cheval noir, dirent les parents, tu nous fais beaucoup de peine. A la vérité, nous ne sommes pas aussi méchants qu'il peut sembler. Ce qui est sûr, c'est qu'en t'offrant une place dans notre écurie, nous n'avons en tête que le souci de rendre service à un cheval qu'une course déjà longue a sans doute fatigué. Tu as bien mérité de te reposer...

Tout en lui tenant ce discours, ils manœuvraient sournoisement à s'approcher de l'animal afin de lui passer la bride. Le cheval noir ne voyait pas le manège et peu s'en fallut qu'il s'y laissât prendre. Déjà les petites s'étaient éloignées pour aller dresser la table de midi et les bêtes de la ferme se dispersaient ainsi qu'elles en avaient reçu l'ordre. Heureusement, le canard, qui s'était réfugié derrière le puits, avait passé sa tête au coin de la margelle. Il comprit clairement le danger. Oubliant toute prudence pour son compte, il se dressa sur ses pattes et cria en battant des ailes :

— Attention, cheval noir ! attention aux parents ! ils cachent une bride et un mors derrière leur dos !

Le cheval n'eut pas plus tôt entendu l'avertissement qu'il bondit des quatre fers et courut se réfugier à l'autre bout de la cour.

— Canard, je n'oublierai pas le grand service que tu viens de me rendre, dit-il. Sans toi, c'était fait de ma liberté. Mais dis-moi, n'y a-t-il pas quelque chose que je puisse faire pour toi ?

— Bien aimable, répondit le canard, mais je ne vois pas trop. J'aurais besoin d'y réfléchir.

— Prends ton temps, canard, prends ton temps. Je repasserai un jour ou l'autre.

Sur ces mots, le cheval gagna la route et partit d'un trot léger que les parents ne regardèrent pas sans mélancolie. Au repas de midi, ils n'échangèrent pas trois paroles et montrèrent un visage sombre. Ils songeaient avec une anxiété bien compréhensible à la colère que ferait l'oncle Alfred en apprenant qu'ils avaient échangé contre du vent le mouton de leurs petites filles. Delphine et Marinette n'étaient pas fâchées de leur voir ce front tourmenté, mais rien ne pouvait les consoler d'avoir perdu leur meilleur ami et, au sortir de table, elles passèrent dans le pré pour y pleurer à leur aise. Le canard passa par là et, après les avoir interrogées, ne put que pleurer avec elles.

— Qu'avez-vous à pleurer, tous les trois ? demanda une voix derrière eux.

C'était le cheval noir qui venait aux nouvelles. Il s'informa auprès du canard s'il y avait quelque chose qu'il pût faire pour soulager son chagrin.

— Ah ! s'écria le canard. Si vous rameniez leur mouton aux deux petites que voilà, je serais le plus heureux des canards.

— Je ne demande pas mieux, répondit le cheval noir, mais je ne vois pas comment m'y prendre. S'il ne s'agissait que de les rattraper, lui et son cavalier, je ne serais pas en peine. Si mal accordés, ils n'auront pu faire grand chemin. Non, le difficile serait plutôt de persuader à mon ancien maître d'abandonner son mouton.

— Il sera temps d'aviser quand nous les aurons rejoints, dit le canard. Conduisez-moi d'abord auprès d'eux.

— C'est très joli, mais en admettant que ces deux petites filles rentrent en possession de leur mouton, réussiront-elles à l'imposer ici ? A ce qu'il m'a semblé ce matin, les parents n'ont pas été fâchés de se débarrasser de cette pauvre bête.

— C'est vrai, dit Marinette, et pourtant je ne serais pas surprise qu'ils commencent à regretter ce qu'ils ont fait.

— En tout cas, dit Delphine, je me sentirais plus tranquille si l'oncle Alfred était prévenu et qu'il se trouve là à notre retour.

Le cheval noir s'informa si l'oncle Alfred demeurait bien loin et, sur ce qu'on lui répondit qu'il fallait compter deux heures de marche au bon pas, il promit de galoper jusque chez lui lorsque le mouton serait retrouvé.

— Mais, pour l'instant, il s'agit de rattraper notre cavalier. Ne perdons pas une minute.

Les petites et le canard sautèrent sur le dos du cheval et, passant à bride abattue sous le nez des parents stupéfaits, disparurent dans un nuage de poussière. Au bout d'une demi-heure de course, ils arrivaient à l'entrée d'un village.

— Ne nous pressons pas, dit le cheval en prenant le pas. Et, puisque nous traversons le village, profitons-en pour interroger les habitants.

Comme ils étaient aux premières maisons, Delphine

avisa une jeune fille qui cousait à sa fenêtre derrière un pot de géranium et lui demanda poliment :

— Mademoiselle, je cherche un mouton. N'auriez-vous pas vu un cavalier...

— Un cavalier ? s'écria la jeune fille sans lui laisser le temps d'achever. Je crois bien ! Je l'ai vu tout rutilant d'or traverser la place au galop d'enfer, dans un affreux et superbe cliquetis d'armes. Il montait un immense cheval à la robe frisée et comme bouclée, et les naseaux soufflant feu et fumée, tellement que mon pauvre géranium en a perdu un moment sa fraîcheur.

Delphine remercia et fit ensuite observer à ses compagnons qu'il ne pouvait s'agir de ceux qu'ils cherchaient.

— Détrompez-vous, lui dit le cheval. Il s'agit bien d'eux. Sans doute le portrait est-il un peu flatté, mais c'est ainsi que les jeunes filles voient les militaires. Pour ma part, je reconnais sans peine la toison de votre mouton dans la robe bouclée de l'immense cheval.

— Et le feu et la fumée qu'il soufflait par les naseaux ? objecta Marinette.

— Croyez-moi, c'était tout bonnement le soldat qui fumait sa pipe.

On ne tarda guère à s'apercevoir que le cheval avait raison. Un peu plus loin, une fermière qui étendait du linge sur la haie de son jardin leur dit qu'elle avait vu passer un soldat monté sur un malheureux mouton qui paraissait exténué.

— J'étais à la fontaine à rincer mes couleurs quand je les ai vus tourner dans le Chemin Bleu. Vous auriez eu pitié de cette pauvre bête si vous l'aviez vue peiner dans la montée avec ce gros benêt assis sur son dos et qui lui donnait des coups de poing sur la tête pour la presser d'avancer.

En écoutant ces tristes nouvelles du mouton, les petites avaient du mal à ne pas pleurer et le canard lui-même était très ému. Le cheval noir, qui en avait vu bien d'autres à la guerre, ne perdit pas la tête et dit à la fermière :

— Ce Chemin Bleu dans lequel s'est engagé le cavalier, est-il encore bien loin ?

— A l'autre bout du pays et vous ne le trouverez pas sans peine. Il vous faudrait quelqu'un pour vous conduire jusque-là.

Débouchant au coin de la maison, le fils de la fermière, un garçon de cinq ans, s'avançait vers les voyageurs en tirant au bout d'une ficelle un joli cheval de bois monté sur des roulettes. Il regardait avec envie les deux petites qui avaient la chance d'être montées sur un cheval beaucoup plus haut que le sien.

— Jules, lui dit sa mère, conduis donc ces personnes jusqu'au Chemin Bleu.

— Oui, maman, répondit Jules et, sans lâcher son cheval de bois, il vint jusqu'à la route.

— Je parie, lui dit le cheval noir, que tu voudrais bien monter sur mon dos ?

Jules rougit, car c'était justement ce qu'il souhaitait. Marinette lui céda sa place et s'offrit à tirer le cheval de bois par la ficelle pour qu'il fût aussi de la promenade. Delphine installa le guide devant elle et le tint fermement à bras-le-corps tout en lui parlant des malheurs du mouton, tandis que le cheval noir allait de son pas le plus doux. Plein de compassion, Jules faisait des vœux pour la réussite de l'entreprise, offrant même ses services et déclarant qu'on pouvait disposer de lui comme de son cheval de bois. Ils étaient prêts tous les deux à courir les aventures les plus dangereuses du moment qu'il s'agissait de porter secours à un affligé.

Cependant, Marinette allait quelques pas en avant, tirant toujours le cheval de bois sur lequel le canard s'était installé à califourchon. En arrivant au Chemin Bleu, elle aperçut, du haut d'une montée, une auberge devant laquelle était attaché un mouton. D'abord, elle en eut une vive émotion et le canard lui-même en fut tout remué, mais, à mieux regarder, ils se persuadèrent bientôt qu'il ne s'agissait nullement de leur ami. Le mouton qu'ils apercevaient au bas de la descente était si petit qu'on ne pouvait s'y tromper longtemps.

— Non, soupira Marinette, ce n'est pas le nôtre.

Elle s'était arrêtée pour attendre ses compagnons. Le canard en profita pour monter sur la tête du cheval de bois, car il voulait voir de plus haut l'auberge et ses abords. Il lui semblait distinguer sur le cou du mouton quelque chose de brillant qui ressemblait à un sabre. Tout à coup, il s'agita sur la tête de bois et cria d'une telle force qu'il manqua tomber par terre :

— C'est lui ! c'est notre mouton ! Je vous dis que c'est notre mouton à nous !

Derrière lui, on s'étonna. Assurément, il se trompait. Ce mouton de petite taille ne pouvait être qu'un étranger. Alors le canard se mit en colère.

— Mais vous n'avez donc pas compris que son nouveau maître l'a fait tondre et que s'il ne vous paraît pas plus gros en tout qu'un agneau, c'est qu'il a perdu sa toison bouclée ? Le soldat aura sans doute vendu la laine pour se désaltérer à l'auberge.

— Ma foi, dit le cheval noir, ce doit être vrai. Ce matin, il n'avait plus un sou en poche et je ne pense pas qu'on lui donne à boire à crédit. Connaissant l'ivrogne, j'aurais dû penser que nous avions des chances de le retrouver dans la première auberge de rencontre. En tout cas, il faut s'assurer que c'est bien là notre mouton.

L'assurance qu'il demandait lui fut donnée par le mouton lui-même qui venait d'apercevoir le groupe au sommet de la montée et qui sut très bien faire entendre aux petites qu'il les avait reconnues. A plusieurs reprises, il cria : « Je suis votre mouton », tout en faisant des gestes pour les inviter à la prudence. Après qu'il eut crié pour la troisième fois, on vit apparaître le soldat sur le seuil de l'auberge. Sans doute venait-il s'informer de la raison de ces cris. Avant de rentrer, il eut un geste de menace à l'adresse du mouton. Par bonheur, l'idée ne lui était pas venue de regarder vers le haut de la montée, car le cheval noir n'était pas si loin qu'il n'eût pu le reconnaître, ce qui n'aurait pas manqué d'éveiller sa méfiance. Il est vrai qu'il avait déjà bu beaucoup et qu'il commençait à voir trouble.

— A ce que je vois, dit le canard à ses amis, notre mouton est surveillé de bien près. Ce n'est pas pour faciliter les choses.

— Que comptais-tu donc faire ? demanda le cheval noir.

— Ce que je comptais faire ? mais détacher le mouton sans être vu et le ramener à la ferme. Et j'y compte encore.

— J'ai peur que l'entreprise n'aille pas tout seule. Et quand tu réussirais, crois-tu donc que le mouton serait sauvé ? En sortant de l'auberge, le soldat, ne voyant plus sa monture, pensera qu'elle s'est échappée pour retourner auprès de ses anciens maîtres et il ira aussitôt réclamer à la ferme où l'on ne pourra moins faire que de la lui rendre. Il y a même à parier que le mouton se verra administrer une volée de coups de bâton, trop heureux si l'autre ne lui fait tomber la tête au fil de son sabre. Non, canard, crois-moi, il faut trouver autre chose.

— Trouver autre chose, c'est bientôt dit, mais quoi ?

— C'est à toi d'y réfléchir. Pour moi, je ne peux vous aider en rien et ma présence risque plutôt de vous être une gêne. Je cours donc de ce pas prévenir l'oncle Alfred comme il a été convenu et je reviendrai de ce côté à votre rencontre. Puisse le mouton être parmi vous !

Delphine et Jules ayant mis pied à terre, le cheval s'éloigna au galop et ceux qui restaient tinrent conseil. Les petites n'avaient pas perdu tout espoir d'apitoyer le soldat, mais Jules croyait plus sûr de l'intimider.

— Dommage que je n'aie pas ma trompette, disait-il. Je lui aurais fait « tût » sous le nez et je lui aurais dit : « Rendez le mouton. »

Le canard, lui, contre l'avis du cheval noir, ne renonçait pas à son projet de détacher le mouton et il était en train de convaincre ses amis lorsque le soldat sortit de l'auberge en titubant. Il parut d'abord hésiter, mais, après avoir assuré son casque sur sa tête, il se dirigea vers le mouton avec l'intention évidente de se remettre en route. Du coup, le canard dut abandonner son projet. En ce pressant péril, une idée lui vint à propos. Il se cala sur le cheval de bois et dit à ses compagnons :

— Nous avons la chance qu'il nous tourne le dos. Profitez-en et poussez-moi à fond de train dans la descente. Il faut qu'en arrivant au bas de la côte, il me reste assez d'élan pour monter les quelques mètres de pente qui mènent à l'auberge.

Marinette, tirant le cheval par la ficelle, partit à fond de train, tandis que Delphine et Jules poussaient par derrière. Ils le lâchèrent un peu avant d'arriver au milieu de la descente et le suivirent de loin en se cachant derrière les haies.

Sur son cheval de bois, le canard dévalait la côte en criant à tue-tête : « Coin ! coin ! » Au bruit, le soldat s'était retourné et, arrêté au milieu de la cour de l'auberge, il regardait s'approcher le fougueux équipage. En arrivant au bas de la descente, le canard sembla faire effort pour retenir sa monture.

— Holà ! criait-il. Maudit animal, **t'arrêteras-tu ?** Holà, enragé !

Le cheval de bois, comme s'il se rendait à ces ordres, monta d'une allure plus tranquille le morceau de route qui conduisait à l'auberge et finit par s'arrêter au bord du fossé. Par chance, les roulettes se trouvèrent calées dans l'herbe, ce qui lui évita de descendre la pente à reculons. Sans perdre de temps, le canard sauta à bas et s'adressa au soldat qui le considérait bouchée bée.

— Militaire, dit-il, je vous donne le bonjour. L'auberge est-elle bonne ?

— Je ne peux pas vous dire. En tout cas, on y boit bien, répondit le soldat qui avait peine à tenir debout tant il avait bu, en effet.

— C'est que j'arrive de loin, reprit le canard, et que j'ai besoin de repos. Je ne suis pas comme cette bête-là, qui est vraiment infatigable. A croire qu'elle n'a pas sa pareille au monde. Elle va comme le vent et ne consent à s'arrêter qu'après s'être fait prier. Pour elle, cent kilomètres sont presque comme rien et il ne lui faut pas deux heures pour en venir à bout.

Le soldat en croyait à peine ses oreilles et regardait avec envie ce coursier impétueux qui, à vrai dire, lui paraissait assez placide. Comme la boisson lui donnait un peu dans la vue, il n'osait pas trop s'en rapporter au témoignage de ses yeux et préférait se reposer sur le canard.

— Vous avez de la chance, soupira-t-il. Ah ! oui, pour de la chance, c'est de la chance.

— Vous trouvez ? dit le canard. Eh bien, voyez ce que c'est, je ne suis pourtant pas content de mon cheval. Je vous étonne, n'est-ce pas ? Mais pour moi qui suis en voyage d'agrément, il est beaucoup trop rapide. Il ne me laisse pas le temps de rien voir à loisir. Ce qu'il me faudrait, c'est une monture qui me fasse voyager au pas.

Le soldat sentait de plus en plus lui monter à la tête le vin qu'il avait bu et croyait voir le cheval de bois frémir d'impatience.

— Si j'osais, dit-il avec un air rusé, je vous proposerais bien un échange. Moi qui suis pressé, j'ai là un mouton, justement, dont la lenteur me rend enragé.

Le canard s'approcha du mouton, l'examina d'un œil méfiant et lui palpa les pattes avec son bec.

— Il est bien petit, fit-il observer.

— C'est que je viens de le faire tondre. En réalité, c'est déjà un mouton d'une belle taille. Il est assez gros pour vous porter. Quant à ça, ne soyez pas en peine. Il me porte bien, moi, et il faut le voir galoper !

— Galoper ! dit le canard. Galoper ! Ah çà, militaire, votre mouton m'a tout l'air d'un dévorant qui court sur les routes à un train d'enfer. S'il en est ainsi, je me demande ce que j'aurais à gagner à un échange.

— Je me suis mal expliqué, fit le soldat tout penaud. La vérité, je m'en vais vous la dire : y a pas plus doux que mon mouton, ni plus fainéant, ni plus poussif. Il est même plus lent qu'une tortue, ou qu'un escargot.

— C'est trop beau, dit le canard, je ne peux pas y croire. Pourtant, militaire, vous avez dans les yeux comme un air de franchise qui m'inspire confiance et qui me décide. Donc, j'accepte l'échange.

Craignant qu'il ne se ravisât, le soldat courut détacher le mouton sur le dos duquel il installa le canard. Celui-ci ne parlait plus de se reposer à l'auberge et pressait déjà sa nouvelle monture de partir.

— Hé la ! fit l'autre, pas si vite ! Voyez-vous pas que vous partez avec mon sabre !

Le soldat débarrassa le mouton du grand sabre qu'il portait en travers des épaules et se l'accrocha au côté.

— Et maintenant, dit-il en se tournant vers le cheval de bois, préparons-nous.

— Avant tout, conseilla le canard, je crois que vous feriez bien de lui donner à boire. Voyez comme il tire la langue.

— C'est vrai, je n'y prenais pas garde.

Tandis que le soldat s'en allait tirer de l'eau au puits, le canard et le mouton, traversant la route, couraient rejoindre les petites et leur ami Jules qui se

cachaient dans un champ de seigle haut d'où ils pouvaient voir la cour de l'auberge. Delphine et Marinette
faillirent étouffer le mouton dans leurs embrassades et
tout le monde versa des larmes d'attendrissement. Les
effusions auraient duré plus longtemps si l'on n'avait
été distrait par le spectacle qui se donnait dans la cour
de l'auberge.

Le soldat venait d'apporter un seau d'eau au cheval
de bois et, voyant qu'il ne se décidait pas à boire,
criait d'une voix déjà irritée :

Boiras-tu, maudite carne ? Je compte jusqu'à Trois.

— Boiras-tu, maudite carne ? Je compte jusqu'à
trois. Un. Deux. Trois. Suffit, tu boiras un autre jour.

Renversant le seau d'un coup de pied, il enfourcha
son cheval de bois et ne tarda pas à s'impatienter de
voir qu'il restait sur place. D'abord, il se mit à l'inju-
rier, puis, constatant que l'animal n'en remuait pas
plus, il prit le parti de descendre en grommelant :

— C'est bon. Je vois ce qu'il me reste à faire.

Tirant alors son grand sabre, il trancha d'un seul coup la tête du pauvre cheval de bois, qui tomba dans la poussière. Après quoi, il remit sa lame au fourreau et partit à pied pour la guerre. Peut-être qu'à l'heure qu'il est il est général, mais on n'en sait rien.

Sur le chemin du retour, Delphine portait sous son bras la tête du cheval de bois, tandis que Marinette tirait par la ficelle le corps du décapité. En assistant au supplice de son bon cheval, Jules avait eu d'abord une grande peine. Il se consolait en voyant la joie des petites et celle du mouton. Du reste, son plus grand chagrin fut de se séparer de ses nouveaux amis qui regagnaient leur maison. Sa mère eut beau lui promettre de recoller la tête de son cheval, il ne put s'empêcher de renifler en les voyant disparaître au bout du village.

Delphine et Marinette n'étaient guère rassurées en songeant à l'accueil que leur réserveraient les parents. Ceux-ci, justement, parlaient à chaque instant de leurs filles et voilà ce qu'ils disaient :

— Privées de dessert. Pain sec. Tirer les oreilles. Pour leur apprendre à se sauver, à notre nez, sur le dos d'un cheval qu'elles ne connaissent pas.

Et ils sortaient à chaque instant sur le pas de la porte, regardant du côté où ils les avaient vues partir. Tout à coup, ils entendirent le bruit du pas d'un cheval, venant de la direction opposée, et ils s'écrièrent en tremblant :

— L'oncle Alfred !

C'était en effet l'oncle Alfred qui arrivait à la ferme, monté sur le cheval noir et, autant qu'on en pouvait juger de loin, il avait un visage terrible. Les pauvres parents étaient devenus tout pâles et murmuraient en joignant les mains :

— Nous sommes perdus. Il va tout apprendre. Il va tout savoir. Quel malheur d'avoir abandonné un si bon mouton et quel regret ! Ah ! cher mouton !

— Me voilà ! dit alors une voix de mouton, et le mouton apparut au coin de la maison, suivi du canard et des petites.

Les parents étaient si joyeux qu'ils se mirent aussitôt à rire et à danser. Au lieu de gronder les petites, ils leur promirent spontanément une paire de jolies pantoufles et un tablier neuf. Puis, en présence de l'oncle Alfred qui les regardait du haut de son cheval avec un reste de méfiance, ils attachèrent eux-mêmes un ruban rose à chacune des cornes du mouton. Enfin, au repas du soir, le canard fut admis à manger à table entre les deux petites et s'y comporta aussi bien qu'une personne.

Les cygnes

Les parents partirent pour la ville de très bon matin et dirent aux deux petites en quittant la ferme :

— Nous ne rentrerons qu'à la nuit. Soyez sages et surtout, ne vous éloignez pas de la maison. Jouez dans la cour, jouez dans le pré, dans le jardin, mais ne traversez pas la route. Ah ! si jamais vous traversez la route, gare à vous quand nous rentrerons !

En disant ces derniers mots, les parents regardèrent les petites avec des yeux terribles.

— Soyez tranquilles, répondirent Delphine et Marinette, on ne traversera pas la route.

— Nous verrons, grommelèrent les parents, nous verrons.

Là-dessus, ils s'éloignèrent à grands pas, non sans avoir lancé à leurs filles un regard sévère et soupçonneux. Les petites en avaient le cœur serré, mais, après avoir joué un moment dans la cour, elles n'y pensaient presque plus. Vers neuf heures du matin, elles se trouvaient par hasard au bord de la route et ni l'une ni l'autre n'avaient envie de traverser, lorsque Marinette aperçut de l'autre côté une petite chevrette blanche qui marchait dans les champs. Delphine n'eut pas le temps de retenir sa sœur qui avait franchi la route en trois enjambées et courait déjà vers la chevrette.

— Bonjour, dit Marinette.

— Bonjour, bonjour, fit la chevrette sans s'arrêter.

— Comme tu marches vite ! Où vas-tu ?

— Je vais au rendez-vous des enfants perdus. Je n'ai pas le temps de m'amuser.

La chevrette blanche entra dans un champ de grand blé qui se referma sur elle. Marinette et sa sœur, qui venait de la rejoindre, en restèrent tout interdites. Elles se préparaient à regagner la route, mais elles virent apparaître à cinquante mètres de là deux canetons portant encore leur duvet jaune et qui semblaient très pressés.

— Bonjour, canetons, dirent les petites en arrivant auprès d'eux.

Les deux canetons s'arrêtèrent et posèrent le ventre par terre. Ils n'étaient pas fâchés de se reposer.

— Bonjour, petites, dit l'un d'eux. Belle journée, n'est-ce pas ? mais quelle chaleur ! Mon frère est déjà bien fatigué.

— En effet. Vous venez donc de très loin ?

— Je crois bien ! Et nous allons plus loin encore.

— Mais où allez-vous ?

— Nous allons au rendez-vous des enfants perdus. Et maintenant que nous voilà reposés, en route ! Il ne s'agit pas d'arriver en retard.

Delphine et Marinette voulaient des explications, mais les deux canetons filaient sans entendre et entraient dans le champ de blé. Elles avaient grande envie de les suivre et furent un moment hésitantes, mais elles songèrent aux parents et à l'interdiction de traverser la route. A vrai dire, il était bien tard pour s'en souvenir, car la route était déjà loin. Comme elles se décidaient à rentrer, Delphine montra à sa sœur une tache blanche qui bougeait sur le pré en bordure de la forêt. Il fallait bien aller voir de près. Elles se trouvèrent en face d'un petit chien blanc, très jeune, gros comme la moitié d'un chat et qui marchait dans l'herbe aussi vite qu'il pouvait. Mais ses pattes n'étaient pas encore bien fermes et il trébuchait presque à chaque pas. Il s'arrêta et répondit aux petites qui l'interrogeaient :

— Je vais au rendez-vous des enfants perdus, mais j'ai bien peur de ne pas être à l'heure. Vous pensez ! il faut arriver avant midi, et moi, sur mes petites pattes, je ne fais pas beaucoup de chemin et je suis vite fatigué.

— Et qu'est-ce que tu vas faire à ce rendez-vous des enfants perdus ?

— Je vais vous expliquer. Quand on n'a plus de parents, comme moi, on va au rendez-vous des enfants perdus pour essayer de trouver une famille. Tenez, on me parlait hier d'un jeune chien qui a été adopté par un renard au rendez-vous de l'année dernière. Mais, comme je vous le disais, j'ai bien peur d'être en retard.

Apercevant une libellule, le petit chien blanc se dressa brusquement sur ses pattes, se mit à sauter et à aboyer, fit trois tours sur lui-même, se roula dans l'herbe et finit par se coucher essoufflé et la langue pendante.

— Vous voyez, dit-il après avoir repris son souffle,

je viens encore de m'amuser. C'est plus fort que moi, je ne peux pas m'en empêcher. Vous comprenez, je suis petit. Alors, je m'amuse presque à chaque pas, sans même le faire exprès. Ce n'est pas pour m'avancer. Ah ! vraiment, je n'ai pas beaucoup d'espoir d'arriver. Autant dire que je n'y compte pas. Si j'avais de grandes jambes comme les vôtres, bien sûr...

Le petit chien blanc paraissait tout triste. Delphine et Marinette se regardaient et regardaient aussi la route qui était maintenant très loin derrière elles.

— Petit chien, dit enfin Delphine, si je te portais jusqu'au rendez-vous des enfants perdus, crois-tu que tu arriverais assez tôt ?

— Oh ! oui, dit le petit chien blanc, vous pensez, avec vos grandes jambes !

— Alors, partons tout de suite. En marchant bien, nous serons vite revenues. Et où est-il, ton rendez-vous ?

— Je ne sais pas, je n'y suis jamais allé. Mais vous voyez cette pie qui vole devant nous, là-bas ? c'est elle qui me montre le chemin. Vous pouvez la suivre sans crainte. Elle nous conduira juste à l'endroit.

Delphine et Marinette se mirent en route, chacune à son tour portant le petit chien blanc. La pie volait devant elles, se posant parfois bien en vue au milieu d'un pré ou d'un sentier, et reprenant son vol pour se poser plus loin. Le petit chien blanc s'était endormi dès le départ dans les bras de Delphine. Il ne s'éveilla que deux heures plus tard, comme on arrivait au bord d'un grand étang. La pie vint se poser sur l'épaule de Marinette et dit aux deux petites :

— Mettez-vous là, près des roseaux, et attendez qu'on vienne vous chercher. Allons, bonne chance et adieu.

La pie envolée, les petites regardèrent autour d'elles et virent qu'elles n'étaient pas seules. Sur la rive, des groupes de jeunes animaux étaient assis dans l'herbe et il en arrivait à chaque intant. Il y avait des agneaux, des chevreaux, des marcassins, des chatons, des poussins, des canetons, des roquetons, des lapins et bien d'autres espèces. Fatiguées par leur longue marche, les petites s'étaient assises à leur tour et Delphine commençait à somnoler, lorsque Marinette s'écria :

— Regarde là-bas, les cygnes !

Delphine ouvrit les yeux et vit, à travers les roseaux, deux grands cygnes nager sur l'étang vers une île où abordaient d'autres cygnes et chacun portait sur son dos un lapin. Plus loin, deux autres cygnes tiraient un radeau fait de branches et de roseaux, sur lequel était assis un jeune veau qui poussait des cris de frayeur. Et sur toute la surface de l'étang, c'était un continuel va-et-vient des grands oiseaux blancs. Les petites ne se lassaient pas d'admirer. Tout à coup, auprès du buisson où elles étaient assises, un cygne sortit des roseaux et vint droit sur elles. Il eut un regard sévère et demanda d'une voix sèche :

Enfants perdus ?

— Oui, répondit Marinette en montrant le petit chien blanc couché sur ses genoux.

Tournant la tête, le cygne fit entendre un long sifflement et presque aussitôt s'avancèrent deux autres cygnes qui tiraient un radeau.

— Montez, commanda celui qui semblait avoir pour mission de surveiller les embarquements.

— Attendez, protesta Delphine, il faut que je vous explique...

— Je n'ai pas d'explications à entendre, coupa le cygne. Vous vous expliquerez dans l'île, si vous voulez. Allons, vite.

174

— Laissez-moi vous dire...

— Silence !

Le cygne, l'œil méchant, allongeait déjà son grand cou, et son bec menaçait les mollets des petites.

— Allons, dit l'un des cygnes attelés au radeau, soyez raisonnables. Nous n'avons plus de temps à perdre ici.

Effrayées, les petites n'osèrent pas résister davantage et montèrent sur le radeau. Les deux cygnes partirent aussitôt et, gagnant le milieu de l'étang, nagèrent en direction de l'île. La promenade était agréable et les deux enfants ne regrettaient guère le rivage. On rencontra des cygnes qui revenaient de l'île où ils avaient sans doute déposé des passagers. D'autres, légèrement chargés d'un chaton ou d'un marcassin en bas âge, dépassèrent l'attelage et eurent bientôt abordé. Le petit chien blanc était si content de naviguer qu'il faillit plusieurs fois sauter hors des bras de Marinette pour aller jouer avec l'eau.

La traversée dura un peu plus d'un quart d'heure. Au débarqué, un cygne vint prendre livraison des deux sœurs et du petit chien et les conduisit à l'ombre d'un bouleau d'où il leur défendit de s'éloigner sans sa permission. Delphine et Marinette reconnurent, dans le troupeau des jeunes bêtes qui les entouraient, la chevrette et les deux canetons, sans compter quelques autres aperçues tout à l'heure sur le rivage de l'étang. Marinette compta une quarantaine d'orphelins, de tout poil et de toute plume, et, à chaque instant, le cygne en amenait de nouveaux. Ils songeaient à la famille qu'ils allaient trouver bientôt et l'émotion les rendait silencieux.

A l'autre bout de l'île était massé un autre troupeau. Une ligne de buissons empêchait de les bien voir, mais l'on pouvait distinguer qu'il n'y avait là que des animaux d'un âge mûr. Ils semblaient assez bavards et le bruit de leurs voix parvenait aux petites.

Au bout d'un quart d'heure d'attente, Delphine avisa un vieux cygne occupé à faire les cent pas devant les orphelins qu'il était sans doute chargé de surveiller. Il marchait en dodelinant de la tête avec un air de bonté. Voyant Delphine faire un geste d'appel, il s'avança et dit aimablement :

— Bonjour, mes enfants. Il fait une jolie journée de printemps n'est-ce pas ?... Plaît-il ? Je suis un peu dur d'oreille, vous savez.

— Je voulais vous dire que, ma sœur et moi, nous voulons rentrer chez nous.

— Oui, merci, je me porte assez bien pour mon âge, répondit le vieux cygne qui entendait vraiment mal.

— Nous avons besoin de rentrer chez nous, fit Delphine en haussant la voix.

— En effet, il commence à faire bien chaud.

Alors, Delphine se porta tout contre l'oreille du vieux cygne et cria de tous ses poumons :

— Nous n'avons pas le temps d'attendre ! Il nous faut rentrer à la maison !

Elle n'avait pas fini de crier qu'un cygne, celui-là même qui les avait embarquées sur le radeau, surgissait d'un buisson en vociférant :

ENCORE CES GAMINES ! On n'entend plus qu'elles, ma parole ! JE COMMENCE À EN AVOIR ASSEZ

— Ma sœur était en train d'expliquer... commença Marinette.

— Silence ! mal élevée, ou je vous donne à manger aux poissons de l'étang ! A vos places, toutes les deux !

Sur ces mots, le cygne s'éloigna, se retournant de temps à autre pour leur jeter un regard furieux. Les petites renoncèrent à se faire écouter et, fatiguées par la chaleur, s'endormirent au pied du bouleau.

En s'éveillant, elles furent bien étonnées. A quelques pas et tournant le dos au troupeau des orphelins, une demi-douzaine de cygnes, trois du côté droit, trois du côté gauche, étaient assis sur un monticule qui formait une sorte d'estrade. Devant eux, se trouvaient rangés en bon ordre tous les animaux qui bavardaient tout à l'heure à l'autre bout de l'île : des cochons, des lapins, des canards, des sangliers, des cerfs, des moutons, des chèvres, des renards, une cigogne et même une tortue. Tout ce monde regardait vers l'estrade et semblait attendre quelqu'un. Bientôt, un septième cygne vint prendre place au milieu de ses frères et dit, après avoir salué d'une révérence l'assemblée des bêtes :

— Mes chers amis, voici revenu notre rendez-vous des enfants perdus. Je vous remercie de ne pas l'avoir oublié et je vous demande de choisir selon votre cœur, mais aussi selon vos moyens. La séance est ouverte.

Le premier orphelin qui monta sur l'estrade était un agneau qui fut aussitôt adopté par un gros mouton de l'assemblée. Suivit un marcassin qu'une famille de sangliers réclama, et le défilé des orphelins continua ainsi sans incident jusqu'au moment où un vieux renard prétendit adopter les deux canetons que les petites avaient rencontrés dans la matinée.

— Ils ne pourraient trouver meilleur père que moi,

affirma-t-il, et vous pouvez compter que j'en aurai le plus grand soin.

Le cygne qui avait ouvert la séance consulta ses frères à voix basse et lui répondit :

— Renard, je ne veux pas douter de tes intentions à l'égard de ces orphelins. Je suis même persuadé que tu en auras le plus grand soin, mais je crains que leur bonheur soit de courte durée. Deux canetons seraient pour un renard une bien grande tentation.

Delphine et Marinette en étaient bien aises, car, si personne ne se décidait à les adopter, il faudrait bien leur rendre la liberté. Au dernier rang, elles aperçurent le petit chien blanc endormi au milieu de sa nouvelle famille, et c'était une chance, pensaient-elles, qu'il se fût endormi, sans quoi il n'aurait pas manqué de prier ses parents bouledogues d'adopter ses amies.

— Personne ne se décidera-t-il à les prendre ? demanda le cygne. On ne peut pourtant pas laisser deux fillettes sans famille. Renard, toi qui étais si empressé à prendre les deux canetons, ne feras-tu rien pour ces enfants-là ?

— Je ne demanderais pas mieux, dit le renard, mais, voyez-vous, je suis trop bon, beaucoup trop bon. Je n'aurais jamais assez de fermeté pour élever comme il faut deux fillettes aussi turbulentes. Non vraiment, je ne peux pas les prendre. J'en suis fâché, mais c'est pour leur bien.

Le cygne s'adressa ensuite à un cerf qui venait d'adopter un faon.

— J'ai bien pensé à les prendre, répondit le cerf, mais ce serait une folie. Réfléchissez que je vis toujours courant sous la menace des hommes, des chiens, des fusils. Non, non, ce ne serait pas sage. Je le regrette. Elles sont bien jolies.

Le cygne sollicita encore d'autres bêtes, mais aucune ne voulait se charger des petites. Comme un sanglier venait à son tour de s'excuser, une tortue qui se trouvait au premier rang de l'assemblée, allongea le cou hors de sa carapace et dit posément :

— Puisque personne n'en veut, moi je les prends.

Cette offre surprenante provoqua de grands éclats de rire parmi les bêtes. Les petites elles-mêmes ne purent s'empêcher de sourire à l'idée qu'elles pourraient devenir les filles d'une tortue. Après avoir fait taire les rieurs, le cygne remercia aimablement la tortue, la complimenta sur sa générosité et, avec toutes les précautions qu'il fallait pour ne pas la froisser, lui fit entendre qu'elle était trop petite pour gouverner d'aussi grandes filles et qu'elle marchait trop lentement. La tortue n'objecta rien, mais rentra la tête sous sa carapace d'une façon qui fit bien voir qu'elle était vexée. Nulle voix ne s'élevant dans l'assemblée pour réclamer les petites, le cygne prit le parti d'aller consulter ses frères à voix basse. Delphine et Marinette, qui se voyaient déjà libres, s'amusaient de son embarras. Il revint prendre sa place et déclara à haute voix :

— Mes frères et moi avons décidé d'adopter les deux fillettes. Ce ne sera pas trop de tous nos efforts et de toute notre sévérité pour discipliner ces enfants mal élevées et insupportables. L'an prochain, quand vous reviendrez au rendez-vous des enfants perdus, je crois que vous serez surpris des progrès qu'elles auront fait.

Les petites s'étaient levées pour tenter encore une fois d'expliquer leur aventure, mais sans leur en laisser le temps, on les fit descendre de l'estrade et on les conduisit dans un coin de l'île, où elles furent laissées à la garde du vieux cygne sourd. De loin, elles purent assister au départ des bêtes et à leur traversée de l'étang.

— Quand la traversée sera finie, disait Delphine à sa sœur pour la rassurer, les cygnes reviendront dans l'île et il faudra bien qu'ils nous écoutent. Ils ne pourront pas toujours nous empêcher de parler.

— En attendant, répondait Marinette, l'heure passe. Nos parents vont bientôt se mettre en route et s'ils arrivent à la maison avant nous... Eux qui nous avaient défendu de traverser la route ! Ah ! j'aime mieux ne pas y penser.

Vers quatre heures, toutes les bêtes avaient regagné les bords de l'étang, mais les cygnes ne semblaient pas décidés au retour. Ils restaient occupés au loin à pêcher des poissons et l'île était déserte. Delphine et Marinette étaient de plus en plus inquiètes et leur mine s'allongeait. Les voyant tristes, le vieux cygne essayait de les réconforter.

— Vous n'imaginez pas combien je suis heureux de vous avoir là, disait-il. Je sens déjà que je ne pourrais plus me passer de vous. Aujourd'hui, ce n'est pas très gai. On vous a laissées dans l'île pour vous reposer, mais demain, vous apprendrez à nager, à prendre des poissons. Vous verrez comme la vie est agréable, ici. Mais j'y pense, vous avez peut-être faim ?

En effet, les petites avaient très faim. Il les pria de patienter et, s'étant absenté quelques instants, revint avec un poisson dans son bec.

— Tenez, dit-il en le posant devant elles, mangez-le vite pendant qu'il est bien vif et bien frétillant. Je vais vous en chercher d'autres.

Les petites reculèrent en secouant la tête et Marinette, prenant le poisson, alla le remettre à l'étang. Le vieux cygne en était ébahi.

— Comment peut-on ne pas aimer le poisson ? dit-il. C'est si bon de sentir un poisson qui vous frétille dans le gosier. En tout cas, il va falloir aviser à vous donner une autre nourriture. Je me demande...

Mais les petites étaient si inquiètes qu'elles ne pensaient plus à leur faim. Bientôt elles virent, à l'autre bout de l'étang, le soleil descendre au ras de la forêt. Il devait être au moins six heures du soir et les parents étaient peut-être en route. Effrayées, Delphine et Marinette se mirent à pleurer. En voyant les larmes, le vieux cygne, perdant la tête, se mit à tourner en rond devant elles.

— Qu'avez-vous ? Mais qu'est-ce qui se passe ? Ah ! quel malheur d'être vieux et de ne plus entendre ! Deux enfants si jolies ! Mais j'ai une idée. Suivez-moi. Quand je suis sur l'eau, j'entends tout ce qu'on me dit.

Le vieux cygne se posa sur l'étang et, tandis qu'il tenait son bec enfoncé dans l'eau, Delphine lui conta comment, avec Marinette, elle avait traversé la route malgré la défense des parents, et ce qui en était advenu. Quand elle eut tout dit, il se mit à nager vers le milieu de l'étang en sifflant du plus fort qu'il pouvait. Aussitôt, les cygnes qui pêchaient alentour vinrent se ranger en demi-cercle devant lui.

— Misérables garnements ! leur cria le vieux cygne tout tremblant de colère. Je ne sais pas ce qui me retient de vous chasser tous de cet étang ! Vous êtes la honte de la tribu ! Voilà deux fillettes qui ont eu la bonté d'apporter jusqu'ici un petit chien blanc orphelin et vous les récompensez en les retenant prisonnières ! Et vous leur défendez d'ouvrir la bouche pour vous faire comprendre votre sottise !

Les cygnes n'en menaient pas large et baissaient la tête.

— Si jamais les petites sont grondées par leurs parents, prononça le vieux cygne en les entraînant vers l'île, malheur à vous !

En arrivant auprès des petites, il commanda :

— Demandez pardon à plein cou !

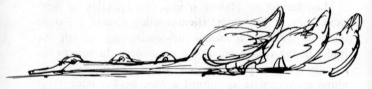

Montant sur le rivage, les cygnes se couchèrent devant les petites et, d'un même mouvement, posèrent leurs longs cous à plat sur le sol. Delphine et Marinette en étaient confuses.

— Et maintenant, préparez-moi l'attelage à cinq et que pas une minute ne soit perdue ! Nous conduirons les deux enfants par le bief jusqu'à la rivière et nous remonterons la rivière jusqu'au point le plus proche de la route.

« Bien entendu, nous les accompagnerons jusque chez elles. Allons, pressez-vous, fainéants ! »

Les cygnes se mirent à courir et eurent bientôt préparé l'attelage. Delphine et Marinette montèrent sur un radeau tiré par cinq cygnes attelés en file et précédés de six autres, chargés de faire le passage et de détourner les branches qui auraient pu retarder l'embarcation. Le vieux cygne nageait auprès du radeau et avait l'œil à tout. Au moment de passer dans le bief, ses compagnons, inquiets des fatigues qu'il

aurait à supporter, voulurent l'empêcher de s'y engager
avec eux. A son âge, disaient-ils, un voyage aussi long
était trop dangereux. Delphine et Marinette le priaient
aussi de regagner l'île.

— Ne soyez pas en peine, répondait-il. La vie
d'un vieux cygne ne compte pas, quand il faut empêcher que deux petites soient grondées. Allons, vite,
pressons-nous ! La nuit sera bientôt là.

En effet, le soleil avait disparu et le soir descendait
déjà sur l'étang. Porté par le courant, l'attelage fila
rapidement sur le bief. Les cinq cygnes ne ménageaient
pas leur peine. Le vieux cygne s'essoufflait à les
suivre, mais s'ils faisaient mine de ralentir, il leur
criait aussitôt :

— Plus vite ! tas de lambins, ou nos petites vont
être grondées !

La nuit était déjà faite lorsque l'attelage arriva à
la rivière. Il fallut lutter contre un fort courant et
l'obscurité gênait les voyageurs. Heureusement, la lune
se leva bientôt et permit de se diriger plus facilement.
Enfin, le vieux cygne donna l'ordre de débarquer.
Voyant qu'il était très fatigué, Delphine et Marinette

le pressèrent de se reposer, mais il ne voulut rien entendre et les conduisit d'abord à la route.

— Ne perdons pas de temps, j'ai peur que nous ne soyons en retard, dit-il. Ah ! oui, bien peur.

En arrivant sur la route avec le blanc troupeau qui leur faisait escorte, les petites faillirent pousser un cri. A cent mètres devant elles et leur tournant le dos, les parents marchaient vers la maison. Ils portaient chacun un panier.

Le vieux cygne avait compris. Il fit aussitôt passer les deux petites de l'autre côté de la route que bordait une haie et leur dit tout bas :

— En courant à l'abri de cette haie, vous aurez bientôt dépassé les parents. Quand vous serez à la hauteur de la maison et qu'il vous faudra retraverser la route, nous ferons en sorte d'attirer l'attention des parents ailleurs. L'important est d'arriver là-bas avec une bonne avance.

Les petites voulurent suivre ses conseils, mais, fatiguées et n'ayant pas mangé depuis le matin, leurs jambes les portaient à peine. Il leur fallut se contenter d'aller au pas et, comme elles marchaient moins vite que les parents, la distance qui les séparait ne fit qu'augmenter.

— Voilà qui complique bien les choses, murmura le vieux cygne. Il va falloir gagner du temps. Laissez-moi faire.

Passant sur la route, il se mit à courir derrière les parents en criant :

— Bonnes gens ! n'avez-vous rien perdu en chemin ?

Les parents s'étaient arrêtés et, au clair de lune, regardaient s'il manquait quelque chose dans leurs paniers. Le vieux cygne ne courait plus et marchait au contraire du plus lentement qu'il pouvait afin de

laisser prendre de l'avance aux petites. Les parents
s'impatientaient.

— N'avez-vous rien perdu ? dit-il en arrivant auprès
d'eux. J'ai trouvé sur la route une jolie plume blanche
et, comme elle ne m'appartient pas, j'ai pensé qu'elle
était à vous.

— Nous prends-tu pour des sots de ton espèce, de
vouloir que nous portions des plumes ? grondèrent les
parents furieux en s'éloignant.

Le vieux cygne repassa de l'autre côté de la haie.
Les petites avaient réussi à prendre un peu d'avance,
mais les parents, qui marchaient d'un bon pas,
n'allaient pas tarder à les rattraper et à les dépasser.
Le vieux cygne paraissait fourbu. Pourtant, après

avoir encouragé Delphine et Marinette par de bonnes paroles, il trouva la force de prendre sa course à la tête de ses compagnons. Les petites virent le troupeau silencieux des grands oiseaux blancs courir devant elles et disparaître dans une échancrure de la haie. Cependant, les parents poursuivaient leur chemin et parlaient des petites qu'ils allaient trouver à la maison.

— Il faut espérer qu'elles auront été sages et qu'elles n'auront pas traversé la route, disaient-ils. Ah ! si jamais elles avaient traversé la route !

Delphine et Marinette, qui entendaient tout, en avaient les jambes coupées. Soudain, les parents s'arrêtèrent et ouvrirent des yeux ronds. Devant eux, au milieu de la route, étaient rangés douze grands cygnes qui se mirent à danser sous la lune. Ils tournaient deux à deux, dansaient sur une patte, sur l'autre, se saluaient, formaient une ronde, puis leurs longs cous dressés et leurs douze têtes se touchant à la pointe du bec tournoyaient d'une telle vitesse qu'à peine les pouvait-on distinguer les uns des autres. Ce n'était plus qu'un tourbillon de neige.

— C'est bien joli, dirent les parents au bout d'un moment, mais ce n'est pas l'heure de regarder danser. Nous n'avons que trop perdu de temps.

Passant au milieu des danseurs, ils les laissèrent derrière eux et poursuivirent leur chemin sans se retourner. De l'autre côté de la haie, les petites avaient repris leur avance, mais de nouveau elles entendaient le pas des parents sonner sur la route et perdaient tout espoir d'arriver à la maison avant eux. Le vieux cygne avait quitté la route avec ses compagnons et s'efforçait de trotter derrière elles, mais il était si fatigué qu'il butait à chaque instant et manquait tomber. Venant après la longue course qu'il avait déjà fournie, la danse le laissait exténué. Lorsque enfin, à bout de forces, il rejoignit les deux petites, les parents n'étaient plus qu'à cent mètres de la maison.

— Ne craignez rien, dit-il, vous ne serez pas grondées. Mais je vais vous quitter et vous laisser à la garde de mes amis. Promettez-moi de leur obéir. Ils vous feront traverser la route quand le moment sera venu.

Le vieux cygne s'écarta de la haie, puis, rassemblant ses dernières forces, s'élança en courant vers le milieu des champs. Peu à peu sa course devint plus lente, il sentit ses pattes se raidir et, en arrivant dans un pré, il tomba sur le flanc pour ne plus se relever. Alors, il se mit à chanter, comme font les cygnes quand ils vont mourir. Et son chant était si beau qu'à l'entendre, les larmes venaient dans les yeux. Sur la route, les parents s'étaient donné la main et, sans prendre garde qu'ils tournaient le dos à la maison, s'en allaient à travers les champs à la rencontre de la voix. Longtemps après que le cygne eut cessé de chanter, ils marchaient encore dans la rosée et ne pensaient pas à rentrer.

Dans la cuisine, Delphine et Marinette cousaient sous la lampe. Le couvert était mis et le feu allumé. En entrant, les parents dirent bonjour d'une petite voix qu'elles ne connaissaient pas. Ils avaient les yeux humides et, ce qui ne leur était jamais arrivé, n'en finissaient pas de regarder au plafond.

— Quel dommage, dirent-ils aux petites. Quel dommage que vous n'ayez pas traversé la route tout à l'heure. Un cygne a chanté sur les prés.

FOLIO JUNIOR EDITION SPECIALE

Marcel Aymé

Les contes bleus du chat perché

Supplément réalisé par
Christian Biet,
Jean-Paul Brighelli,
Laure Feller
et Jean-Luc Rispail

Illustrations de Philippe Munch

SOMMAIRE

QUEL ANIMAL ÊTES-VOUS ?

QUEL ANIMAL ÊTES-VOUS ?

A chaque animal son caractère. Si vous-même, par Dieu sait quel miracle, deviez-vous transformer en l'un des animaux qui peuplent ces contes, lequel conviendrait le mieux à votre personnalité : bœuf, chien, chat ou jars ? Vous le saurez en répondant aux questions de ce test. Comptez ensuite le nombre d'étoiles, de ronds, de carrés et de triangles que vous avez obtenus et reportez-vous aux explications figurant à la fin de ce livre : vous découvrirez alors quel genre d'animal vous êtes...

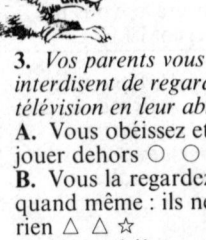

1. *Un ami vous confie un secret ; que faites-vous ?*
A. Vous ne le répétez jamais à personne ○ ○ □
B. Vous lui en confiez un aussi ○ □ □
C. Vous le répétez à votre meilleur ami en lui faisant jurer le secret △ △ ☆
D. Vous ne trouvez pas que son secret soit très important, et vous le répétez sans y faire attention ☆ ☆ ☆

2. *Si vous gagnez au loto, que faites-vous d'abord ?*
A. Vous achetez la chaîne stéréo dont vous rêviez △ △ ☆
B. Vous achetez une voiture neuve à votre maman ○ ○ □
C. Vous donnez une belle somme à une organisation de charité ○ ○ ○
C. Vous placez cet argent pour qu'il rapporte encore plus □ □ △

3. *Vos parents vous interdisent de regarder la télévision en leur absence :*
A. Vous obéissez et allez jouer dehors ○ ○ △
B. Vous la regardez quand même : ils ne sauront rien △ △ ☆
C. Vous obéissez et travaillez ○ ○ □
D. Vous cassez le bouton de commande : eux non plus ne la regarderont pas ☆ ☆ ☆

4. *En classe, votre voisin se fait gronder, mais c'est vous qui avez bavardé :*
A. Vous le dites au professeur ○ ○ △
B. Vous vous excusez auprès de votre voisin ○ △ △
C. Vous ne dites rien : la justice n'est pas de ce monde ☆ △ □
D. Vous le regardez d'un air de reproche et approuvez le professeur ☆ ☆ △

5. *Un camarade que vous n'aimez guère vous demande un franc pour téléphoner ; c'est urgent :*

A. Vous dites que vous n'avez pas d'argent ☆ ☆ △

B. Vous lui donnez cinq francs et vous lui faites signer une reconnaissance de dette △ △ △

C. Vous lui donnez un franc sans discuter ○ ○ □

D. Vous lui demandez ce qu'il compte en faire exactement, pourquoi et à qui il téléphone, et si cela vous paraît grave, vous lui donnez l'argent □ □ ○

6. *Un(e) ami(e) que vous aimez bien... mais qui en aime un(e) autre vous invite à son anniversaire :*

A. Vous accourez; les bras chargés de cadeaux ○ ○ △

B. Vous vous faites très beau (belle), mais vous n'apportez pas de cadeaux : on verra plus tard, si vous lui plaisez... △ △ □

C. Vous refusez de venir car vous n'avez pas envie de voir votre rival(e) triompher ☆ ☆ □

D. Vous acceptez à condition qu'il (elle) n'invite pas l'autre ☆ ☆ ☆

7. *Si vous étiez un végétal, ce serait :*

A. Un rosier ☆ ☆ △

B. Un saule pleureur △ △ □

C. Un lierre △ △ ☆

D. Un cerisier ○ ○ △

8. *Votre petit chat Mitsou est mort ; vous l'aimiez beaucoup. Que faites-vous ?*

A. Vous l'enterrez vous-même et pleurez à chaque fois que l'on vous parle de lui ○ ○ ○

B. Vous en demandez un autre que vous appelez Mitsou ○ ○ △

C. Vous demandez un chien, ça vit plus longtemps □ △ ☆

D. Vous l'oubliez car vos parents l'ont remplacé par un cochon d'Inde adorable □ □ ☆

9. *Vous vous êtes fait un ami pendant les vacances. De retour, que faites-vous ?*

A. Vous lui écrivez une longue lettre ○ ○ □

B. Vous attendez de ses nouvelles pour écrire △ △ □

C. Vous écrivez pour Noël ☆ △ □

D. Vous espérez le revoir l'été prochain ; de toute façon vous n'aimez pas écrire ☆ ☆ □

10. *Vous trouvez une montre :*

A. Vous la portez à votre poignet en disant que c'est un cadeau qu'on vous a fait △ △ ☆

B. Vous l'apportez aux objets trouvés □ □ ○

C. Vous l'offrez à votre meilleur ami ○ ○ △

D. Vous la portez en attendant qu'on vous la réclame ☆ ☆ △

Solutions page 219

1
LE LOUP

Avez-vous bien lu ce conte ?

1. *Quand les parents sont absents, Delphine et Marinette jouent :*
A. A chat perché
B. Aux osselets
C. A la ronde

2. *Pour montrer qu'il est devenu bon, le loup :*
A. Penche la tête
B. Soupire
C. Pleure

3. *Les petites filles lui reprochent d'avoir mangé :*
A. Une poule
B. Un agneau
C. Une petite fille

4. *Marcel Aymé appelle souvent Marinette :*
A. « La plus douce »
B. « La plus belle »
C. « La plus blonde »

5. *Le prochain rendez-vous avec le loup est fixé pour :*
A. Mercredi
B. Jeudi
C. Dimanche

6. *Sur le chemin, le loup rencontre :*
A. Un corbeau
B. Une alouette
C. Une pie

7. *Lors du deuxième rendez-vous, on joue :*
A. A la main chaude
B. Au loup
C. Au cheval

8. *Depuis son aventure, le loup ne mange plus :*
A. D'agneaux
B. De petites filles
C. De renards

Solutions page 220

La mauvaise réputation

Delphine a déjà entendu parler du loup, car elle connaît
une fable de La Fontaine à son sujet. Et vous, la connaissez-vous ?

Le Loup et l'Agneau

La raison du plus fort est toujours la meilleure :
    Nous l'allons montrer tout à l'heure.

    Un agneau se désaltéroit
    Dans le courant d'une onde pure.
Un loup survient à jeun, qui cherchoit aventure.
    Et que la faim en ces lieux attiroit.
« Qui te rend si hardi de troubler mon breuvage ?
    Dit cet animal plein de rage :
Tu seras châtié de ta témérité.
 – Sire, répond l'Agneau, que Votre Majesté
    Ne se mette pas en colère ;
    Mais plutôt qu'elle considère
    Que je me vas désaltérant
        Dans le courant,
    Plus de vingt pas au-dessous d'Elle ;
Et que par conséquent, en aucune façon,
    Je ne puis troubler sa boisson.
 – Tu la troubles, reprit cette bête cruelle ;
Et je sais que de moi tu médis l'an passé.
 – Comment l'aurois-je fait si je n'étois pas né ?
    Reprit l'Agneau ; je tette encor ma mère.
     – Si ce n'est toi, c'est donc ton frère.
     – Je n'en ai point.
     – C'est donc quelqu'un des tiens ;
    Car vous ne m'épargnez guère,
    Vous, vos bergers et vos chiens.
    On me l'a dit : il faut que je me venge. »
    Là-dessus, au fond des forêts
    Le Loup l'emporte et puis le mange,
    Sans autre forme de procès.

1. *Deux loups différents*
Relevez dans cette fable les caractéristiques du loup.
Comparez-les avec celles du loup de Marcel Aymé. Lequel
est le plus sympathique ?

2. *Une autre histoire de loup*
Dans le conte, Delphine se souvient d'une autre histoire célèbre de loup. Laquelle ? Pouvez-vous la raconter à vos camarades ? En connaissez-vous d'autres ?

3. *Chaque loup a son caractère*
Parmi ces adjectifs, choisissez ceux qui vous semblent les plus appropriés au loup dans chacune de ces histoires :

méchant - bête - sympathique - rusé - cruel - méconnu - affamé - coléreux - orgueilleux - amical - beau - fort

4. *Mots croisés*

Horizontalement
I.   Les petites filles ont rendez-vous avec lui
II. La plus forte des cartes dans un jeu - Pronom
III. Ce qu'a fait le loup à la fin de l'histoire
IV. Poisson tout plat et délicieux
V.   Delphine et Marinette ne pensent qu'à cela

Verticalement
1. Plus grand que l'étang, mais plus petit que la mer
2. Les loups les rongent - Abréviation de sud-ouest
3. Quand il joue, le loup rit comme un...
4. Le loup n'en a pas mangé, mais le renard en raffole
5. Faire comme Marinette quand ses parents disent que le loup est méchant

Solutions page 220

Qui aime qui ?

Voici les personnages du conte. Chacun d'eux éprouve des sentiments bien particuliers pour certains autres. Essayez de définir ces divers sentiments (tendresse, peur, haine, etc.) et choisissez une couleur pour chacun. Représentez alors par des flèches ce que les différents personnages ressentent les uns pour les autres.

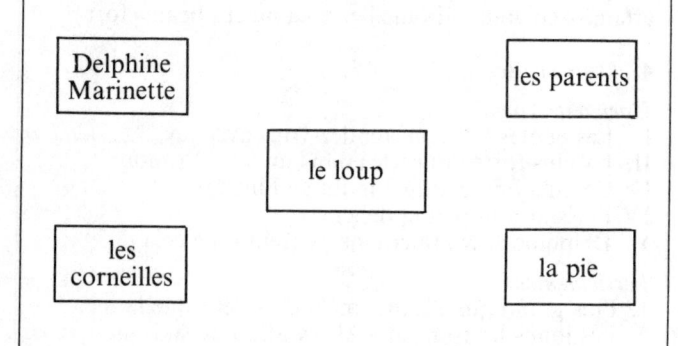

- Certains sentiments changent-ils au cours de l'histoire ?
- Si oui, combien de dessins différents devriez-vous faire pour représenter l'évolution de ces sentiments, en changeant la couleur de certaines flèches d'un dessin à l'autre ?

La fin du conte

Si le conte s'arrêtait après cette phrase : « Les petites n'avaient pas encore eu le temps de prendre peur, qu'elles étaient déjà dévorées. » (p. 27), quelle moralité pourrait-on en tirer ?

Heureusement, le conte finit bien. Parmi les proverbes suivants, lequel vous semble convenir le mieux pour conclure l'histoire ?

   « A quelque chose malheur est bon. »
   « Chat échaudé craint l'eau froide. »
   « Prudence est mère de sûreté. »
   « Chassez le naturel, il revient au galop. »

2
LE CERF ET LE CHIEN

Avez-vous bien lu ce conte ?

1. *En voyant le cerf, le poussin dit : « Tiens, voilà... »*
A. Un cheval
B. Un cerf
C. Un bœuf

2. *Les petites filles cachent le cerf :*
A. Dans le grenier
B. Dans leur chambre
C. Dans l'écurie

3. *Le chien découvre le cerf grâce à :*
A. Son ouïe
B. Sa vue perçante
C. Son flair

4. *Les petites retiennent le chien grâce à :*
A. Des fleurs
B. Des compliments
C. Leurs larmes

5. *Quelqu'un persuade le cerf de travailler à la ferme. Qui est-ce ?*
A. Les petites
B. Le chat
C. Le chien Pataud

6. *Après son travail, le cerf :*
A. Se repose
B. Bavarde avec ses amis
C. Va courir

7. *Après la fuite du cerf, les parents achètent :*
A. Un bœuf
B. Un autre cerf
C. Un cheval

8. *Dans le collier du chien, le cerf a mis pour les petites :*
A. Une rose
B. Une marguerite
C. Un pissenlit

Solutions page 220

Jouons avec les mots...

1. « *A peine entré dans la forêt, il commençait à déchanter* » (p. 50)

Déchanter, décamper, desserrer, déchausser, décharger, dételer : ces six mots se trouvent dans le texte.
- Quel est leur point commun ?
- Sauriez-vous construire d'autres verbes sur ce modèle à partir des mots suivants ?

nœud	monter
gaine	faire
odeur	mettre
arme	régler

- Que signifie le préfixe DE ?
- Écrivez une phrase dans laquelle vous emploierez les verbes que vous avez trouvés. Si vous jouez avec des camarades, faites en sorte que toutes ces phrases composent une petite histoire...

2. « *Un autre bœuf qui leur coûta les yeux de la tête* » (p. 50)

... et encore vous faites une affaire !

Il existe un grand nombre d'expressions en français qui utilisent des parties du corps humain. En voici quelques-unes ; connaissez-vous leur sens ?

Avoir le cœur sur la main
Avoir les yeux plus gros que le ventre
A vue de nez
Partir les pieds devant
Prendre ses jambes à son cou
Avoir du cœur au ventre
Avoir l'estomac dans les talons
Avoir un poil dans la main
Avoir la langue bien pendue...

Si vous ne savez pas répondre, la solution se trouve dans le dictionnaire !

Qui vit où ?

Cette histoire se déroule dans trois lieux différents : la ferme, la forêt et la plaine. Dans chacun, on trouve des habitants qui ne pourraient pas vivre ailleurs. Lesquels ? Y a-t-il des exceptions ?

A votre avis, quels sont les adjectifs qui correspondent le mieux à chacun des trois lieux indiqués ci-dessous ?

LA FERME	dangereux
	ombragé
	sûr
LA FORÊT	ennuyeux
	amusant
	habité
LA PLAINE	désert

Faites de même pour les trois animaux principaux de l'histoire :

LE CHAT	obéissant
	autoritaire
	sage
LE CERF	tendre
	rusé
	loyal
LE CHIEN	hésitant

Changeons la fin...

La fin de ce conte est triste. Imaginez que le chien Pataud dise (p. 51) : « J'ai une bonne nouvelle à vous apprendre... » Inventez la suite, mais n'oubliez pas que les cerfs sont faits pour vivre dans la forêt, les chiens pour chasser et les petites filles pour habiter chez leurs parents...

3
L'ÉLÉPHANT

Mots brouillés

Cherchez dans la grille les mots suivants, dont la plupart se rapportent à la navigation. Attention ! On peut lire ces mots dans tous les sens, de haut en bas et de bas en haut, de droite à gauche et de gauche à droite, ou en diagonale...

frégate - rame - navire - voile - yacht - terre - ohé - Noé - vis - virus - vire - île

Quel suspense !

1. « Suspense » est un mot anglais qui signifie « incertitude, anxiété ». Mais c'est aussi un procédé utilisé par les auteurs pour augmenter l'intérêt et l'impatience du lecteur.

Lisez bien le texte de Marcel Aymé. Les petites filles imaginent toutes sortes de prétextes pour empêcher leurs parents d'entrer dans la chambre et de découvrir l'éléphant. Le chat lui-même invente des explications pour justifier les bruits qu'ils entendent. A chaque intervention des fillettes ou du chat, le moment de la découverte de l'éléphant est repoussé à plus tard. L'auteur fait alors grandir l'impatience du lecteur, et ainsi se crée le « suspense ». Comptez le nombre des interventions de Delphine et Marinette, ainsi que celles du chat.

2. Le suspense est souvent employé dans les romans policiers ou dans les films d'aventure. Pouvez-vous en citer quelques-uns et raconter comment s'achève l'histoire ?

3. Voici à présent le point de départ d'une histoire. A vous de la raconter (par oral ou par écrit) en inventant plusieurs manières de faire monter la tension du récit.

« Le roi a ordonné à son fidèle vassal Roderick de porter un message urgent à la reine des fées : elle doit lui donner l'autorisation d'épouser la fée Bijou, qu'il aime. Mais la reine des fées s'endort le premier jour de l'hiver, et ne se réveille qu'au printemps... Si Roderick n'arrive pas avant qu'elle s'endorme, le mariage n'aura pas lieu, et la fée Bijou disparaîtra pour toujours. Au coucher du soleil, il sera trop tard. Roderick part au grand galop... »

4
LE CANARD ET LA PANTHÈRE
Partons en voyage

Le canard est très intéressé par la géographie. Grâce à ses connaissances, il va voyager, faire des rencontres, et même sauver sa vie... Et vous, aimez-vous la géographie ? Pourriez-vous, par exemple, répondre à ces questions ?

1. *Sur quel continent se trouvent ces pays ?*
Le Zaïre, l'Angola, le Kenya, le Cameroun.

2. *Quelle est la capitale de ces pays ?*
L'Algérie, le Sénégal, la Thaïlande, le Mexique, le Canada, l'Australie.

3. *Situez ces villes par rapport à la vôtre (est, ouest, nord, sud)*
Bar-le-Duc, Bordeaux, Caen, Clermont-Ferrand, Issoire, Lille, Lyon, Nice, Sartène.

4. *Un tour du monde*
Vous voilà parti pour un tour du monde. En chemin, vous rencontrez les personnages suivants. Pouvez-vous relier chacun à son pays ?

Un Jivaro	Groenland
Un muezzin	Inde
Un maharadjah	Suisse
Un Esquimau	Équateur
Un joueur de base-ball	Chine
Un horloger	États-Unis
Un mandarin	Iran

Solutions page 221

Le procès de la panthère

1. *L'attitude des autres*
Le cochon a disparu et tout le monde soupçonne la panthère de l'avoir mangé. Certains l'accusent, d'autres la défendent, d'autres encore apportent leur témoignage. La panthère plaide elle-même sa cause.
- Qui sont les accusateurs ? les défenseurs ? les témoins ?

2. *La défense de la panthère*
A chaque accusation et à chaque témoignage, la panthère répond par un argument. Faites la liste de ces arguments.
- Que répond-elle aux parents ?
- Que répond-elle au veau ?

5
LE MAUVAIS JARS
Un personnage déplaisant

Le jars est vraiment peu sympathique. Voici les mots qui le décrivent :

- l'air en colère
- d'un air furieux
- méfiant et coléreux
- gros niais qui se pavane
- des grands airs
- très mécontent
- guère plus aimable
- sale bête
- grossier personnage
- il faisait son important
- ridicule
- brutal, menteur et voleur
- il n'avait rien perdu de sa méchanceté
- trop orgueilleux
- d'une humeur massacrante
- d'un geste rageur
- sot

Classez tous ces mots et expressions en trois catégories :
« orgueil », « méchanceté », « bêtise ».
- Quel est le plus grand défaut du jars ?
- Quelles sont les qualités de l'âne ?

Jouons avec les mots

« Bête comme un âne »... Les animaux ont souvent la réputation d'avoir une qualité ou un défaut humain. Sauriez-vous dire quel adjectif est souvent employé à propos de ces animaux :

le singe   la taupe

le renard   le paon

la mule   la carpe

Solutions page 221

Le jeu des sept familles

Voici sept pères de famille ; rendez à chacun sa femme et ses enfants.

le cerf	la jument	les marcassins
le sanglier	la truie	les faons
le lièvre	la biche	les levreaux
l'âne	la laie	les ânons
le cheval	la vache	les poulains
le cochon	la hase	les porcelets
le taureau	l'ânesse	les veaux

Solutions page 221

La mère

Le père

Écrivez la fin de l'histoire

Dans le dernier paragraphe du conte, l'auteur nous dit que le jars a été raillé par toutes les bêtes de la ferme. Imaginez ce que chacun a pu dire, en tenant compte de son caractère : le chien est bon, le chat est sage, le dindon est bête, le cochon est drôle, le cheval est sévère... et écrivez le dialogue qui aurait pu en résulter.

6
L'ANE ET LE CHEVAL
Les étapes du récit

Ce conte comprend plusieurs parties : au début, les parents sont très tristes d'avoir perdu leurs fillettes, mais, peu à peu, ils les oublient et traitent l'âne et le cheval comme des animaux ordinaires. Cette évolution se fait progressivement, en plusieurs étapes. On peut compter sept parties dans le conte. Les voici avec leurs titres :

Les souhaits des petites filles (p. 121-122)
La transformation (p. 122-125)
Les animaux à l'écurie (p. 125-129)
Les animaux au travail (p. 129-134)
Les parents exagèrent (p. 134-138)
Les animaux oublient leur passé (p. 138-140)
Le retour des petites filles (p. 140-141)

Sur le même modèle, imaginez que vous vous transformez en un animal de votre choix. Racontez ce qui vous arrive et quelles sont les réactions de votre entourage. Ne craignez pas d'inventer... La seule obligation que vous devrez suivre est celle-ci : votre récit doit être progressif, et avoir une fin heureuse.

« C'étaient, au fond, d'excellents parents... »

Lorsque Delphine et Marinette subissent leur métamorphose, les parents font preuve à leur égard d'une brusquerie inhabituelle.
- Cette attitude vous semble-t-elle normale ?
- Sont-ils, à votre avis, « d'excellents parents » ?
- Si vous étiez à leur place, comment réagiriez-vous ?

Un caractère de parents

- D'après leur attitude, qu'est-ce qui semble important pour les parents de Delphine et Marinette ?
- Que pensent-ils des animaux ? Et de l'argent ?
Faites leur portrait moral en remplaçant les points par les mots appropriés :

Les parents des petites filles aiment leur tranquillité ; ils sont ...... Ils cherchent à gagner de l'argent en vendant leurs filles ; ce défaut s'appelle ...... Ils frappent les animaux qui n'obéissent pas ; ils sont donc ...... Ils disent à l'oncle Alfred que les petites sont chez la tante Jeanne, mais c'est un mensonge ; ils sont ...... Ils ne s'inquiètent pas de savoir si les animaux ont assez à manger ; c'est un signe de ......

- Aimeriez-vous avoir des parents qui leur ressemblent ?

7
LE MOUTON
Le réel et l'imaginaire

1. *Dans l'histoire*
Delphine et Marinette recherchent un soldat grossier monté sur un mouton. Comme elles demandent aux gens qu'elles rencontrent s'ils l'ont vu passer, elles obtiennent deux réponses : l'une, d'une jeune fille qui croit avoir vu passer un superbe cavalier sur un cheval fougueux ; l'autre, d'une dame qui dit avoir vu un soldat sur un mouton. La première description ne correspond pas à la réalité, mais c'est un portrait « un peu flatté » car, pour les jeunes filles, le militaire est un personnage de rêve... Observez les différences entre les deux descriptions :

LA RÉALITÉ	LE RÊVE
un malheureux mouton	un immense cheval à la robe frisée
ce gros benêt	un cavalier tout rutilant d'or
peinant dans la montée	au galop d'enfer
il fumait la pipe	les naseaux soufflant feu et fumée

2. *A vous maintenant*
Choisissez un personnage réel et faites la liste de ses caractéristiques physiques. Puis transformez celles-ci en caractéristiques imaginaires. Vous n'êtes pas obligé de faire un portrait flatteur, au contraire. Il peut être féroce... et très loin de la réalité.

8
LES CYGNES

Avez-vous bien lu ce conte ?

1. *Quel animal les petites rencontrent-elles en premier ?*
A. Un petit chien
B. Des canetons
C. Une chevrette

2. *Le chemin du rendez-vous est indiqué par :*
A. Une corneille
B. Une pie
C. Un merle

3. *Le tribunal des cygnes est formé de :*
A. Six membres
B. Sept membres
C. Douze membres

4. *Qui se propose pour adopter les canetons ?*
A. Le renard
B. Le loup
C. Une tortue

5. *Pour demander pardon, les cygnes :*
A. Baissent la tête
B. Se cachent la tête sous l'aile
C. Allongent le cou

6. *Sur le chemin du retour, le vieux cygne demande aux parents s'ils n'ont pas perdu :*
A. Une plume
B. Un sac
C. Un panier

7. *Les cygnes qui dansent sur la route sont au nombre de :*
A. Sept
B. Douze
C. Vingt

8. *Le vieux cygne participe-t-il à la danse ?*
A. Oui
B. Non
C. Cela n'est pas précisé

9. *Les parents, en rentrant, sont bizarres :*
A. Ils pleurent
B. Ils rient
C. Ils sont émus

Solutions pages 222

Testez votre mémoire

Voici la liste de tous les animaux qui apparaissent dans ce conte ; il y en a vingt et un. Lisez-la soigneusement pendant cinq minutes, puis tournez la page et retrouvez-les tous...

chevrette	libellule	moutons
chien	chaton	chèvres
canetons	marcassin	renard
pie	cochons	cigogne
cygnes	canards	tortue
lapins	sangliers	agneau
veau	cerfs	poisson

Si vous n'arrivez pas à tous les citer, cherchez ceux dont le nom commence par la lettre C. Il y en a dix. Puis cherchez ceux qui sont de la même famille : il y a quatre couples parents-enfants. Vous pouvez aussi distinguer les mammifères, les oiseaux, les insectes, les poissons... et remplir, de mémoire, chacune des catégories. A vos méninges !

Mots brouillés

Retrouvez dans cette grille tous les animaux qui y sont cachés... Vous pouvez lire les mots dans tous les sens : de haut en bas et de bas en haut, de gauche à droite et de droite à gauche, ou en diagonale.

dinde
geai
iguane
âne (2)
marcassin
cigogne
molosse
cane
singe
élan
oie

```
M A R C A S S I N
A O A I E N Y G I
L N L G N A E U D
E E N O E E N A I
S I C G S A N N
S O I N L S O E D
C P I E I B E L E
```

9
LES RAPPORTS
ADULTE-ENFANT
DANS LA LITTÉRATURE

Le Petit Prince

Le monde des adultes n'est pas toujours simple pour les enfants : les grandes personnes leur apparaissent tantôt comme de bons géants, tantôt comme des ogres, et plus souvent encore comme des êtres incompréhensibles. C'est ce qui ressort notamment des paroles du petit prince.

« J'étais alors très occupé à essayer de dévisser un boulon trop serré de mon moteur. J'étais très soucieux car ma panne commençait de m'apparaître comme très grave, et l'eau à boire qui s'épuisait me faisait craindre le pire.

– Les épines, à quoi servent-elles ?

Le petit prince ne renonçait jamais à une question, une fois qu'il l'avait posée. J'étais irrité par mon boulon et je répondis n'importe quoi :

– Les épines, ça ne sert à rien, c'est de la pure méchanceté de la part des fleurs !

– Oh !

Mais après un silence il me lança, avec une sorte de rancune :

– Je ne te crois pas ! Les fleurs sont faibles. Elles sont naïves. Elles se rassurent comme elles peuvent. Elles se croient terribles avec leurs épines...

Je ne répondis rien. A cet instant-là je me disais : « Si ce boulon résiste encore, je le ferai sauter d'un coup de marteau. » Le petit prince dérangea de nouveau mes réflexions :

– Et tu crois, toi, que les fleurs...

– Mais non ! Mais non ! Je ne crois rien ! J'ai répondu n'importe quoi. Je m'occupe, moi, de choses sérieuses !

Il me regarda stupéfait.

– De choses sérieuses !

Il me voyait, mon marteau à la main, et les doigts noirs de cambouis, penché sur un objet qui lui semblait très laid.

– Tu parles comme les grandes personnes !

Il était vraiment très irrité. Il secouait au vent des cheveux tout dorés :

– Je connais une planète où il y a un Monsieur cramoisi. Il n'a jamais respiré une fleur. Il n'a jamais regardé une étoile. Il n'a jamais aimé personne. Il n'a jamais rien fait d'autre que des additions. Et toute la journée il répète comme toi : « Je suis un homme sérieux ! Je suis un homme sérieux ! » et ça le fait gonfler d'orgueil. Mais ce n'est pas un homme, c'est un champignon !

– Un quoi ?

– Un champignon ! »

A. de Saint-Exupéry,
Le Petit Prince,
© Gallimard

Enfance heureuse, enfance malheureuse... Beaucoup d'écrivains ont consacré une partie de leur œuvre au récit de leur enfance. Mais quelle différence entre l'enfant martyr de Jules Vallès et le petit garçon choyé que fut Sartre !

L'Enfant

« C'est au coin d'un feu de fagots, sous le manteau d'une vieille cheminée ; ma mère tricote dans un coin ; une cousine à moi, qui sert de bonne dans la maison pauvre, range, sur des planches rongées, quelques assiettes de grosse faïence avec des coqs à crête rouge, et à queue bleue.

Mon père a un couteau à la main et taille un morceau de sapin ; les copeaux tombent jaunes et soyeux comme des brins de rubans. Il me fait un chariot avec des languettes de bois frais. Les roues sont déjà taillées ; ce sont des ronds de pommes de terre avec leur cercle de peau brune qui imite le fer... Le chariot va être fini ; j'attends tout ému et les yeux grands ouverts, quand mon père pousse un cri et lève sa main pleine de sang. Il s'est enfoncé le couteau dans le doigt. Je deviens tout pâle et m'avance vers lui ; un coup violent m'arrête ; c'est ma mère qui me l'a donné, l'écume aux lèvres, les poings crispés.

« C'est ta faute si ton père s'est fait mal ! »

Et elle me chasse sur l'escalier noir, en me cognant encore le front contre la porte.

Je crie, je demande grâce, et j'appelle mon père : je vois, avec ma terreur d'enfant, sa main qui pend toute hachée ; c'est moi qui en suis cause ! Pourquoi ne me laisse-t-on pas entrer pour savoir ? On me battra après si l'on veut. Je crie, on ne me répond pas. J'entends qu'on remue des carafes, qu'on ouvre un tiroir ; on met des compresses.

« Ce n'est rien », vient me dire ma cousine, en pliant une bande de linge tachée de rouge.

Je sanglote, j'étouffe : ma mère reparaît et me pousse dans le cabinet où je couche, où j'ai peur tous les soirs. Je puis avoir cinq ans et me crois un parricide. »

Jules Vallès,
L'Enfant

Les Mots

« Il n'y a pas de bon père, c'est la règle ; qu'on n'en tienne pas grief aux hommes mais au lien de paternité qui est pourri. Faire des enfants, rien de mieux ; en *avoir*, quelle iniquité ! Eût-il vécu, mon père se fût couché sur moi de tout son long et m'eût écrasé. Par chance, il est mort en bas âge ; au milieu des Énées qui portent sur le dos leurs Anchises, je passe d'une rive à l'autre, seul et détestant ces géniteurs invisibles à cheval sur leurs fils pour toute la vie ; j'ai laissé derrière moi un jeune mort qui n'eut pas le temps d'être mon père et qui pourrait être, aujourd'hui, mon fils. Fut-ce un mal ou un bien ? Je ne sais ; mais je souscris volontiers au verdict d'un éminent psychanaliste : je n'ai pas de Sur-moi.

Ce n'est pas tout de mourir : il faut mourir à temps. Plus tard, je me fusse senti coupable ; un orphelin conscient se donne tort : offusqués par sa vue, ses parents se sont retirés dans leurs appartements du ciel. Moi j'étais ravi : ma triste condition imposait le respect, fondait mon importance ; je comptais mon deuil au nombre de mes vertus.

A qui obéirais-je ? On me montre une jeune géante, on me dit que c'est ma mère. De moi-même, je la prendrais plutôt pour une sœur aînée. Cette vierge en résidence sur-veillée, soumise à tous, je vois bien qu'elle est là pour me servir. Je l'aime : mais comment la respecterais-je, si per-sonne ne la respecte ? Il y a trois chambres dans notre maison : celle de mon grand-père, celle de ma grand-mère,

celle des « enfants ». Les « enfants », c'est nous : pareillement mineurs et pareillement entretenus. Mais tous les égards sont pour moi. Dans *ma* chambre, on a mis un lit de jeune fille. La jeune fille dort seule et s'éveille chastement ; je dors encore quand elle court prendre son « tub » à la salle de bains ; elle revient entièrement vêtue : comment serais-je né d'elle ? Elle me raconte ses malheurs et je l'écoute avec compassion : plus tard je l'épouserai pour la protéger. Je le lui promets : j'étendrai ma main sur elle, je mettrai ma main sur elle, je mettrai ma jeune importance à son service. Pense-t-on que je vais lui obéir ? J'ai la bonté de céder à ses prières. Elle ne me donne pas d'ordres d'ailleurs : elle esquisse en mots légers un avenir qu'elle me loue de bien vouloir réaliser : « Mon petit chéri sera bien mignon, bien raisonnable, il va se laisser mettre des gouttes dans le nez bien gentiment. » Je me laisse prendre au piège de ces prophéties douillettes. »

Jean-Paul Sartre,
Les Mots,
© Gallimard

Il est parfois difficile de communiquer avec ses parents, que l'on soit petit comme Poil de Carotte, ou grand comme Duroy qui présente sa jeune femme à ses parents après une longue séparation.

Poil de Carotte

« On discute et Poil de Carotte, pendant que Mme Lepic n'est pas là, développe ses idées personnelles.

— Pour moi, dit-il, les titres de famille ne signifient rien. Ainsi, papa, tu sais comme je t'aime ! or, je t'aime, non parce que tu es mon père ; je t'aime, parce que tu es mon ami. En effet, tu n'as aucun mérite à être mon père, mais je regarde ton amitié comme une haute faveur que tu ne me dois pas et que tu m'accordes généreusement.

— Ah ! répond M. Lepic.

— Et moi, et moi ? demandent grand frère Félix et sœur Ernestine.

— C'est la même chose, dit Poil de Carotte. Le hasard vous a faits mon frère, et ma sœur. Pourquoi vous en serais-je reconnaissant ? A qui la faute, si nous sommes tous trois des Lepic ? Vous ne pouviez l'empêcher. Inutile que je vous sache gré d'une parenté involontaire. Je vous

remercie seulement, toi, frère, de ta protection, et toi, sœur, de tes soins efficaces. (...) Et ce que je dis, ajoute Poil de Carotte, je l'affirme d'une manière générale, j'évite les personnalités, et si maman était là, je le répéterais en sa présence.

– Tu ne le répéterais pas deux fois, dit grand frère Félix.

– Quel mal vois-tu à mes propos ? répond Poil de Carotte. Gardez-vous de dénaturer ma pensée ! Loin de manquer de cœur, je vous aime plus que je n'en ai l'air. Mais cette affection, au lieu d'être banale, d'instinct et de routine, est voulue, raisonnée, logique. »

Jules Renard,
Poil de Carotte

Bel Ami

« Duroy aperçut soudain, à quelques centaines de mètres, deux vieilles gens qui s'en venaient, et il sauta de la voiture, en criant : "Les voilà. je les reconnais."

C'étaient deux paysans, l'homme et la femme, qui marchaient d'un pas irrégulier, en se balançant et se heurtant parfois de l'épaule. L'homme était petit, trapu, rouge et un peu ventru, vigoureux malgré son âge ; la femme, grande, sèche, voûtée, triste, la vraie femme de peine des champs, qui a travaillé dès l'enfance et qui n'a jamais ri, tandis que le mari blaguait en buvant avec les pratiques.

Madeleine aussi était descendue de voiture et elle regardait venir ces deux pauvres êtres avec un serrement de cœur, une tristesse qu'elle n'avait point prévue. Ils ne reconnaissaient point leur fils, ce beau monsieur, et ils n'auraient jamais deviné leur bru dans cette belle dame en robe claire.

Ils allaient, sans parler et vite, au-devant de l'enfant attendu, sans regarder ces personnes de la ville que suivait une voiture.

Ils passaient. Georges, qui riait, cria : "Bonjou, pé' Duroy."

Ils s'arrêtèrent net, tous les deux stupéfaits d'abord, puis abrutis de surprise. La vieille se remit la première et balbutia, sans faire un pas : "C'est-i té, not' fieu ?"

Le jeune homme répondit : "Mais oui, c'est moi, la mé Duroy !" et marchant à elle il l'embrassa sur les deux

joues, d'un gros baiser de fils. Puis il frotta ses tempes contre les tempes du père, qui avait ôté sa casquette, une casquette à la mode de Rouen, en soie noire, très haute, pareille à celle des marchands de bœufs.

Puis Georges annonça : "Voilà ma femme." Et les deux campagnards regardèrent Madeleine. Ils la regardèrent comme on regarde un phénomène, avec une crainte inquiète, jointe à une sorte d'approbation satisfaite chez le père, à une inimitié jalouse chez la mère.

L'homme, qui était d'un naturel joyeux, tout imbibé par une gaieté de cidre doux et d'alcools s'enhardit et demanda, avec une malice au coin de l'œil :

"J'pouvons-ti l'embrasser tout d'même ?"

Le fils répondit : "Parbleu." Et Madeleine, mal à l'aise, tendit ses deux joues aux bécots sonores du paysan qui s'essuya ensuite les lèvres d'un revers de main. La vieille à son tour, baisa sa belle-fille avec une réserve hostile. Non, ce n'était point la bru de ses rêves, la grosse et fraîche fermière, rouge comme une pomme et ronde comme une jument poulinière. »

Guy de Maupassant,
Bel Ami

Delphine

Marinette

Le père

La mère

10
SOLUTIONS DES JEUX

Quel animal êtes-vous ?
(p. 193)

Si vous avez une majorité de ○ : vous êtes fidèle en amitié, et vos sentiments passent avant vos intérêts. Vos amis et votre famille peuvent se féliciter de vous connaître ; vous ne les oublierez pas s'ils ont besoin de vous, car votre dévouement n'a pas de limites. Mais n'êtes-vous pas quelquefois la « bonne poire » de vos camarades ? Si vous vous transformiez en animal, vous seriez sans doute un chien aimant et fidèle.

Si vous avez une majorité de △ : vous êtes attaché à certaines personnes, mais vous aimez avant tout votre indépendance. Vous attendez que l'on vienne vous chercher car vous avez du mal à « faire les premiers pas ». Vous êtes un peu jaloux de vos amitiés, et vous n'aimez guère partager ce que vous avez gagné. Prudent, vous réfléchissez avant d'agir et vous n'oubliez jamais où est votre intérêt. Ne seriez-vous pas un peu égoïste ? Si vous étiez un animal, vous seriez un chat.

Si vous avez une majorité de □ : vous êtes fidèle en amitié, mais pas forcément prêt à faire n'importe quoi. Vous êtes surtout réfléchi, lent, vous ne prenez vos décisions qu'après avoir pesé le pour et le contre. Vous êtes volontiers rêveur, mais vous vous préoccupez aussi d'avoir tout ce qu'il vous faut. Quand vous êtes satisfait, vous pouvez être généreux. Un peu plus de goût du risque et de l'aventure ne vous ferait pas de mal ! Si vous étiez un animal, vous seriez un bœuf.

Si vous avez une majorité de ☆ : mieux vaut être votre ami que votre ennemi ! Vous savez être très méchant, si on ne vous rend pas l'hommage que vous attendez. Fier et égoïste, vous ne donnez que si vous êtes sûr de tirer un bénéfice de votre don. Votre petite personne passe avant tout, et vous voulez que chacun vous admire. C'est très bien si vous êtes vraiment supérieur aux autres, mais en êtes-vous sûr ? En tout cas, vous pourriez faire un effort envers vos camarades, qui ne méritent pas votre mépris. Sinon, vous vous retrouverez un jour bien seul... Vous ressemblez bien au jars de Marcel Aymé.

Avez-vous bien lu « Le Loup » ?
(p. 195)

1 : B (p. 9) - 2 : A (p. 11) - 3 : B et C (p. 12 et 14) - 4 : C (p. 9) - 5 : B (p. 20) - 6 : C (p. 24) - 7 : B (p. 26) - 8 : B (p. 28).

Si vous obtenez 8 bonnes réponses : bravo ! Vous avez une très bonne mémoire.

Si vous obtenez entre 5 et 8 bonnes réponses : il faut lire plus attentivement, des détails vous ont échappé.

Si vous obtenez entre 2 et 5 bonnes réponses : il faut exercer votre mémoire, la faire travailler comme un muscle. Relisez le conte et refaites le test. Vous obtiendrez un meilleur résultat...

Si vous obtenez moins de 2 bonnes réponses : avez-vous vraiment lu ce conte ?

Mots croisés
(p. 197)

I. Loup - II. As - On - III. Fui - IV. Sole - V. Jouer.
1. Lac - 2. Os - SO - 3. Fou - 5. Poule - 5. Nier.

Avez-vous bien lu « Le Cerf et le Chien » ?
(p. 199)

1 : C (p. 29) - 2 : B (p. 30) - 3 : C (p. 32) - 4 : C (p. 33) - 5 : B (p. 40) - 6 : C (p. 42) - 7 : A (p. 50) - 8 : B (p. 51, 54).

Si vous obtenez 8 bonnes réponses : bravo ! Vous avez lu ce conte avec beaucoup d'attention.
Si vous obtenez entre 5 et 8 bonnes réponses : vous avez retenu l'essentiel, mais quelques détails vous ont encore échappé. Soyez plus attentif.
Si vous obtenez entre 2 et 5 bonnes réponses : il vaudrait mieux relire le conte si vous souhaitez en retenir quelque chose...
Si vous obtenez moins de 2 bonnes réponses : cette histoire ne vous a vraiment pas intéressé... Pourquoi ne pas essayer de la relire ? Elle vous plaira peut-être davantage la deuxième fois.

Partons en voyage
(p. 204)

1. Ces quatre pays se trouvent en Afrique.
2. Alger - Dakar - Bangkok - Mexico - Toronto - Canberra.
3. Un Jivaro en Équateur ; un muezzin en Iran ; un maharadjah en Inde ; un Esquimau au Groenland ; un joueur de base-ball aux États-Unis ; un horloger en Suisse ; un mandarin en Chine.

Jouons avec les mots
(p. 207)

Être malin comme un singe, rusé comme un renard, têtu comme une mule, myope comme une taupe, fier comme un paon, muet comme une carpe.

Le jeu des sept familles
(p. 207)

Le cerf, la biche, les faons.
Le sanglier, la laie, les marcassins.
Le lièvre, la hase, les levreaux.
L'âne, l'ânesse, les ânons.
Le cheval, la jument, les poulains.
Le cochon, la truie, les porcelets.
Le taureau, la vache, les veaux.

Avez-vous bien lu « Les Cygnes » ?
(p. 211)

1 : C (p. 169) - 2 : B (p. 172) - 3 : B (p. 177) - 4 : A (p. 177) -
5 : C (p. 183) - 6 : A (p. 186) - 7 : B (p. 187) - 8 : A
(p. 187) - 9 : C (p. 188).

Si vous obtenez 9 bonnes réponses : bravo ! Aucun
« signe » ne vous a échappé !

Si vous obtenez entre 6 et 9 bonnes réponses : vous pouvez
sûrement mieux faire si vous voulez profiter du chant du
cygne.

Si vous obtenez entre 2 et 6 bonnes réponses : relisez d'urgence ce conte ! Ça ne cassera pas trois pattes à un
canard...

Si vous obtenez moins de 2 bonnes réponses : aïe ! aïe ! aïe !
Confondriez-vous les cygnes avec de vilains petits
canards ?

FOLIO JUNIOR EDITION SPECIALE

TITRES DÉJÀ PARUS

Anonyme
Le roman de Renart I

Marcel Aymé
Les bottes de sept lieues
Les Contes rouges du chat perché
Les Contes bleus du chat perché

Boileau-Narcejac
Sans Atout et le cheval fantôme

Henri Bosco
L'Ane Culotte
L'Enfant et la rivière

Lewis Carroll
Alice au pays des merveilles

Roald Dahl
Charlie et la chocolaterie
La Potion magique de Georges Bouillon

Alphonse Daudet
Lettres de mon moulin
Tartarin de Tarascon

André Dhôtel
Le Pays où l'on n'arrive jamais

René Fallet
Bulle ou la voix de l'océan

William Faulkner
L'Arbre aux souhaits

Nadine Garrel
Au pays du grand condor

Théophile Gautier
Le Roman de la momie

Ernestine et Frank Gilbreth
Treize à la douzaine

William Golding
Sa Majesté des Mouches

Pierre Gripari
La Sorcière de la rue Mouffetard
Le Gentil Petit Diable

Ernest Hemingway
Le Vieil Homme et la mer

Table des matières